회사 그만두는 법

회사 그만두는 법

우리들의 굴곡진 조직 인생과 실전 노동법

양지훈 지음

에이도스

회사원의 힘

근육을 키우는 운동을 평생 해 보지 않았던 나는 트레이너와 상담을 하면서 놀라운 이야기를 들었다.

"피트니스 운동 해 보신 적 없죠? 운동은 근육을 키우기 위해서가 아니라 몸의 자유도를 확보하기 위해 반드시 해야 합니다."

아니, 숨 쉬며 걷고 뛰고 일하는 데 문제가 없고 이미 충분히 자유로운 몸인데 무슨 자유를 더 찾는단 말인가.

"사무실에서 매일 앉아만 있는 직장인은 몸이 퇴화할 수밖에 없어요. 이렇게 등을 한번 쭉 펴 보세요."

트레이너는 이미 내 몸이 화이트칼라 노동자답게 좁은 사무 환경에 맞춰져 퇴화가 상당히 진행되었다고 경고했다. 등이 굽어 있고 척추를 둘러싼 근육 역시 너무 부족하며 상체와 하체의 불균형이 심하다고 설명하면서 이것을 교정하려면 코어 운동을 해야 하고 그렇게 해야 몸이 진정 자유로워진다고 강조했다.

'몸의 진정한 자유.'

나는 당장 설득되었고 첫 PT^{personal training}를 받은 날 갑자기 바른 생활의 길로 진입한 것 같아 뿌듯해졌다.

트레이너가 얘기했던 '몸의 자유도를 높이는 운동'에 대해 생각해 본다. 나는 헬스장에서 모니터를 보며 시간을 견디는 운동이란 단지 멋진 외양을 과시하기 위한 목적이 전부라고 쉽게 생각했다. 운동 자체로 기쁨을 느낄 수 있는 테니스와 탁구 같은 구기 운동을 선호하는 내게, 운동은 수단이 아니라 목적이어야 했다. 과정이 즐겁지 않고 오로지 만들어진 몸의 결과가 중요한 피트니스는 지극히 자기 계발적인 운동에 불과하다고 생각했다. 그러나 설명을 듣고 나니 불현듯 내 부자유한 몸이 보이기 시작했다. 불균형한 몸은 움직임의 범위를 작게 만들었다. 내 몸은 더 자유롭게, 더 많이 움직일 수 있었다. 물론 트레이너의 설명은 어느 정도 마케팅적 속성을 포함하겠지만 몸이 도달해야 하는 지점을 정확하게 겨냥했고 현 상태의 결핍을 구체적으로 자각하게 해 주었다.

서문을 쓰고 있는 지금 나는 헬스장에서 운동을 반년 가까이 계속해 오고 있는데 드라마틱하게 몸의 외양이 바뀌진 않았다. 살이 조금 빠졌고 가끔 있던 허리 통증이 사라졌으며 평소 의식적으로 자세를 바로잡게 되었다. 무엇보다 운동 후 샤워의 상쾌함을 알게 되었고 신체적·정신적 체력이 향상되었다. 마음 또한 운동의 효과를 톡톡히 누리고 있는데 규칙적으로 운동을 하니 좋은 컨디션이 더 오래 유지되기 시작했다. 몸과 마음이 연결되어 있다는 새삼스러운 사실을 깨달았다고나 할까. 어쩌면 그 인식의 전환이 운동의 물리적 효과보다 더 큰 것일지도 모른다.

이 책과 별 관계없는 듯 보이는 피트니스 얘기를 한 것은 트레이너가 말한 몸의 자유도가 일하는 근로자 •와 노동법의 관계에도 적용될 수 있다고 생각했기 때문이다. 노동자가 노동법을 잘 아는 것은 전혀 알지 못할 때와는 다른 자유도를 가

• 이 책에서 '근로자'와 '노동자'는 동일한 의미로 함께 사용된다. 통상 '근로자'는 근로기준법 등 법률의 문언에 표기되는 언어로 쓰이지만 현실에서는 '노동자'와 같은 의미로 쓰인다. 이러한 용례에 따라 법률 또는 법리를 설명할 때에는 '근로자'로, 일반적인 서술을 할 때에는 '노동자'로 표기하기로 한다.

진다. 노동법을 아는 것은 자유도의 크기를 다시 그릴 수 있게
한다. 우리가 그동안 노동자로서 할 수 없다고 생각했던 지점
까지 욕심낼 수 있게 한다.

노동법이 필요한 순간

만화 『미생』에서 그려지는 회사 생활을 할 수 있는 사람이
라면 노동법을 아는 것이 그리 중요하지 않을지도 모른다. 작
품 속 주인공, 대기업 비정규직 인턴 장그래에게 필요한 것은
노동법 공부가 아니라 개인적인 노동 윤리와 자기 직무 기술
의 습득이다. 비정규직임에도 불구하고 그가 경험하는 대기업
조직은 우호적이고 인간적이다. 장그래가 속한 영업 팀 조직
은 이미 훌륭한 상사들이 포진해 있어서 그가 할 일은 오직 일
뿐이다. 팀원들 전부가 사내 정치를 극복하지 못하고 회사를
나와 자그마한 무역 회사를 차리게 되는 슬픈 엔딩이 그려지
지만 말이다.

현실은 어떤가? 정직하고 열정적인 상사맨 오 차장이 회사
에서 임원으로 승진하지 못하는 『미생』 시즌1의 결말이 충분

한 리얼리티를 확보해 주고 있지만, 실상 『미생』은 실화보다는 판타지에 가깝다. 그 많은 회사의 영업 팀장 중 오 차장 같은 사람은 사실상 매우 찾기 어려울 것이다. 현실 속 오 차장은 부하 직원들을 조금이라도 더 갈구어 자기 승진의 실적에 이용만 할 것이고 선배인 김 대리는 기간제 근로자의 지위나 처우 따위 안중에도 없을 것이며 오히려 자기 일을 인턴에게 떠넘기기 일쑤일 것이다. 그들 모두는 장그래가 처한 고용 불안 상황에는 전혀 관심이 없을 뿐만 아니라 작은 성과라도 보이면 곧바로 빼앗아 자기 것으로 둔갑시키는 테크닉을 보이는 것이 사실에 가깝다.

가장 말단에 있는 장그래 관점에서 보면 회사라는 조직이 품고 있는 진실이 보인다. 그가 열망했던 정규직도 거대한 관료제 위계 사회인 회사 입장에서는 그저 톱니바퀴의 작은 부품에 불과하다. 현실 속 사원과 부하 직원은 본질적으로 조직과 상사와 어긋난 이해관계에 있다. 그 각각의 입장은 언제나 긴장 관계에 놓여 있다. 노동법은 바로 그 균열에서 비롯된 갈등과 충돌에 가장 직접적인 해석의 가늠자가 된다.

장그래의 퇴사도 마찬가지이다. 작품 말미에서 장그래는 기간제 근로 계약이 만료된 뒤 당연하다는 듯이 회사를 떠난다. 그러나 이것은 법률에 비추어 '정상적'인가? 혹시 〈단시간 및 기간제 근로자 보호에 관한 법률〉에 위반되는 부분은 없을까? 장그래가 당당하게 회사의 고용 의무와 자신의 권리를 주장할 수 있는 법률적 근거는 없는 걸까? 부하 직원으로서 혹은 여성으로서 부당한 인사 평가를 감당해야만 하는 『미생』 속 신입 사원, 안영이가 이를 법적으로 다툴 수 있는 여지는 없는 것일까? 상사로부터 부당한 지시를 받거나 은근히 괴롭힘을 당하는 직원이 회사를 그만둘 수밖에 없을 때 최후의 저항을 할 수는 없을까? 바로 그 결정적인 국면에서 노동자의 약자적 지위를 사용자·회사와 동등하게 회복할 수 있게 하는 힘이 노동법에는 있다. 그것이 노동법의 힘이고, 노동법을 아는 자의 힘이다.

물론 노동법의 이 힘을 일상의 매 순간마다 무소불위의 무기로 휘두를 수는 없다. 노동법의 도움을 실질적으로 받을 수 있는 경우는 어려움에 빠져 회사를 떠나느냐 마느냐를 결정해야 하는 최후의 순간이 대부분이다. 하지만 노동법은 현실을 비추는 거울이 되어 회사와 조직에 종속되어 있는 현실 조건을 직접 대면할 수 있게 한다. 정신없이 흘러가는, 겉보기에 평화로운 회사원의 일상을 노동법으로 비추는 순간 외면해 왔던 어두운 지점들이 보이기 시작한다. '회사란 무엇인가' '일한다는 것은 도대체 무엇인가'라고 고민에 빠져 있는 3년차·6년차·'사추기' 직장인들뿐만 아니라 회사 밖 제2의 인생 준비를 위해 고뇌하는 이들에게 노동법이라는 거울은 회사 조직이 은폐하고 있는 노동의 속성을 더 잘 이해할 수 있게 해 준다. 노동법은 근로 계약의 당사자인 근로자가 끈끈하게 엮여 있는 회사와의 관계를 무미건조하고 객관적인 법률관계로 바라볼 수 있는 렌즈가 되어 준다. 그렇게 근로자의 자유도는 넓어진다.

노동법은 안락한 회사의 시간표 안에 숨겨져 있는 냉혹한 조직의 논리를 대면하게 해 주는 '진실의 힘'을 가지고 있다. 사실 우리의 일터는 노동법이 준수되는 경우보다 그렇지 않은 경우가 훨씬 많은, 위법과 탈법의 공간이다. 그 위법의 현장에서 노동자는 상사와 사용자로부터 일상적·구조적 압박을 받는 미약한 존재이다. 노동법은 우리가 당연하다고 느끼는 이 억압을 다르게 볼 수 있는 시각을 제공한다. 받지 않아도 되는 억압을 구분할 수 있게 한다.

나아가 모든 이가 노동법을 적극적으로 해석할 때 모두의 일상을 완전히 바꿔 버릴 수 있는 잠재력을 지니고 있다(그래서, 알아야 한다). 헬스장에 회원권을 등록하는 것이 곧 자신의 방만한 일상을 한 번쯤 반성하게 하는 것과 마찬가지로 노동법을 공부하기 시작하는 것은 일하는 사람으로서의 정체성을 되돌아보게 한다.

부적응자를 위하여

도대체 회사원의 인생에 무에 그리 불만이 많아서 자유도를 이야기하고 긴장과 진실 운운하느냐는 반박도 있을 수 있다. 회사와 조직, 상사와의 긴장이 일상적으로 느껴지지 않는 독자라면 굳이 이 책을 읽을 필요를 못 느낄 것 같다. 하지만 퇴사가 하나의 트렌드, 사회 현상으로 자리 잡았을 만큼 회사원으로서의 삶을 갑갑해 하는 사람은 너무나 많다. 우리는 인생이 그저 '회사원의 삶'으로 매몰되는 것에 대해 회의를 느낀다.

회사 내 동료 간의 갈등도 보편적이고 첨예하다. 우리가 회사에서 마주치는 사람들의 유형은 일반 인격의 유형만큼 다양한데 그 각종의 인간관계들에 집에서 앉는 소파만큼의 안락함을 느낀다면 그야말로 회사 인간 *이라고 부를 만하다. 그러

● '회사 인간'은 회사와 근로 계약을 맺고 노동을 제공해야 하는 구속을 받아들이는 개인을 가리키는 수사적 표현으로 사용하기로 한다.

나 개인적으로 경험한 5년의 회사 인생에서 회사 조직이 자신과 꼭 맞는다고 하는 동료나 선후배를 보지는 못한 것 같다. 그들 모두 이른 아침 집에서 출근해 회사 문을 들어설 때면 가면을 쓴다. 가면을 쓴 채 동료들과 커피를 마시고 밥을 먹고 일을 한다. 저녁 무렵 집에 돌아가는 퇴근길에서야 비로소 가면을 벗고 원래의 자기로 돌아간다. 그렇게 출퇴근을 반복하다 보면 원래의 자기를 잃어버리기 십상이다. 실은 그러한 순치 과정을 회사와 상사는 은근히 바라고 있다. 그 과정을 견디기 어렵다면 회사를 그만둘 수밖에 없다. 한평생 그렇게밖에 살 수 없을까. 우리는 자기 자신을 잃지 않고 회사를 다닐 수는 없는 걸까?

회사라는 조직을 꼭 맞는 옷처럼 느끼는 이들은 어떻게 적응한 것일까? 지금은 안락한 회사원이라고 생각할지라도 마음 한구석에는 다양한 고민과 갈등을 갖고 있지는 않을까. 혹은 원만한 회사 생활을 위해 애써 부조리를 외면하고 있지는 않을까? 물론 한가하게 적응·부적응을 논하기에 앞서 현실은 현실이다. 우리가 일자리에 매달리는 이 구조적인 힘의 관계는 어쩔 수가 없는 것이고 나가라고 하기 전까지 회사 한구석에 자리한 내 책상과 의자는 더없이 소중하며 가능한 한 끝까지 출근해 오래도록 월급을 받고 싶다. 그래서 마음속에 있는 회사에 대한 불만은 조용히 파묻을 수밖에 없고 상사에게는 조직에 충성하는 것처럼, 친구들에게는 회사에 적응하는 것처럼 보이고 싶어 한다.

기실 조직에 완벽하게 적응하는 회사원이란 어떤 인간 유형일까. 서구 근대가 시작될 즈음 자본가들은 공장에 9시에 출근하여 지칠 때까지 일할 수 있도록 인간을 개조해야만 했다. 매일 같이 회사·공장에 출근하여 하루 종일 일하는 노동 환경에 적응하는 인간형은 불과 200여 년 전에 창조되었다. 그러나 이제 회사에 '과잉 적응'한 우리들은 아무도 회사 밖의 삶을 상상하지 못한다. 혹시 이 현상 자체가 어떤 징후는 아닐까? 이렇게 살 수밖에는 없을까?

회사에 대한 적응과 부적응의 유형은 너무 다양하여 일반화하기도 어렵다. 이 책은 노동법이 개입하는 일상의 각 국면들을 살펴보고 우리가 도대체 회사에서 어떻게 살아가고 있는지 함께 직시하고자 한다. 이 글을 쓰고 있는 나 역시 몇 년 전부터 변호사로 살고 있지만 원래는 회사원이었다. 그리고 무의식중에는 회사원으로서의 정체성을 여전히 더 많이 보유하고 있다. 겉으로는 회사에 무척 잘 적응하는 것처럼 보였지만 실제로는 회사에 부적응하여 도망치듯 법학 전문 대학원에 갔다. 나는 나와 같은 회사 부적응자들이 여전히 많은 회사에 존재하고 있다고 생각하고 이 책이 그들에게 회사 인생으로서의 자유도를 조금이나마 늘일 수 있지 않을까, 하는 생각으로 이 글들을 하나둘 썼다.

이 책은 노동 법리 전반을 상세하게 설명하기보다는 회사 생활에 있어 필수적인 노동법 개념을 양념으로 한 에세이에 가깝다. 에세이답게 노동법의 핵심적인 조항과 그 의미를 소개하고 이를 활용할 수 있는 회사 이야기를 많이 하려 했다. 내 작은 경험과 동시대를 살아가는 여러 회사 인간들의 사례도 담았다. 노동자 보호에 관한 취지가 담긴 노동법이 현실에서 어떻게 왜곡될 수 있는지, 우리 회사 작업장은 얼마나 법과 멀어져 있는지를 얘기하고 싶었다. 나아가 노동 실무에서는 기존에 주목받지 못했던 권리(작업 중지권, 작업 거절권)에 대한 논의를 미약하나마 개진해 보았다.

본문은 다음과 같이 배치했다. 1장과 2장은 회사 인생의 처음과 끝에 관한 이야기로 근로 계약의 체결과 퇴사를 다룬다. 1장 '우리들의 무력감'은 근로 계약의 의미와 사용자 업무 지시권의 한계 등을 살펴본다. 2장 '사표는 절대 금지'는 사직의 과정에서 발생하는 법률문제와 직장 내 괴롭힘 등에 대해 알아본다.

3장과 4장은 회사 인생의 일상과 관련한 상과 벌, 즉 승진과 징계에 대한 내용이다. 3장 '일을 거부해도 될까'는 회사 조직에서 승진이 갖는 개인적·조직적 차원의 의미를 다루었고 4장 '조직이 주는 명예'는 회사 내 징계 절차와 사례를 살펴보았다.

5장과 6장은 작업장을 둘러싼 각종 사건·사고를 소개하고 회사 밖 노동을 상상해 보는 책의 결말 부분이다. 5장 '일그러진 오피스의 나날'은 화이트칼라에게 발생하는 산업재해 사례와 사용자의 안전 배려 의무에 대해서, 6장 '회사 그만두는 법'은 제도 밖에서의 노동과 사직을 할 때 필요한 법 상식을 다루었다.

책 제목이 불러일으키는 기대와 달리 회사를 그만두는 시시콜콜하고 구체적인 방법들이 빼곡하게 담겨 있지 않다는 것을 정직하게 고백해야겠다. (책의 제목은 낚시용이었던가?) 그러나 회사원이 되길 바라거나 회사원인 당신은 언제든 회사를 그만둘 수밖에 없는 공통의 운명에 있다는 것은 변함없는 진실이다. 그래서 우리는 언젠가 회사를 안전하게 그만두는 방법, 일하는 동안 회사에서 몸과 마음을 다치지 않고 자기로 살아남는 방법에 대해서 함께 이야기해 볼 필요가 있다. 그런 '방법'들에 대해 같이 이야기하고 싶었다.

2019년 2월, 서초동에서

새벽 3시

도현지

살아야 하기에 김밥 한 줄
버텨야 하기에 밤을 샌다

입천장은 헐었고
눈꺼풀은 무겁고
책상 위의 커피는 동났다

위는 쓰린 새벽 3시

내일이 오지 않기만을 바라지만
내일이 와야 끝날 수 있는 오늘이다

샐 수 있는 밤과
살 수 있는 밥과
곧 올 내일

● 2018년 제23회 이한열문학상 우수상

| 차례 |

1장

우리들의 무력감

회사원의 뒷담화

회사 동료끼리 일체감을 느끼며 동류의식을 확인하는 가장 빠른 방법은 '뒷담화'다. 그것이 '앞담화'가 되지 못하고 '뒷담화'가 되는 슬픈 이유는 그들이 약자의 지위에 있으며 어두운 밤 술자리에서만 할 수 있는 비밀스러운 대화를 나누기 때문이다. 대화는 보통 상사에 대한 주관적이고도 편견에 치우친 평가나 일과 관계없는 사생활에 대한 것들이다. 회사에서 마음에 꼭 맞는 동료와 구체적인 '뒷담화'를 즐기기는 굉장히 어려운데 일단 그런 동료를 찾기가 쉽지 않고 섣부른 오늘의 '뒷담화'가 내일의 '꼰지름'을 통해 배신을 부르는 경우가 비일비재하기 때문이다. 같은 편인 줄 알았는데 아닌 것이다. 실제로 회사에 우리 편, 내 편이 있는가. 먼저 승진하는 자가 자기 파벌을 만들어 수장이 될 수 있을 뿐이다.

이런 현실적인 이유 때문에 우리는 안전한 회사 밖 친구들과 함께 '뒷담화'에 나설 수밖에 없는데 이 경우 그 효능과 효율은 상당히 떨어지게 된다. 구체적이고 매우 일상적인 소재로 '뒷담화'를 해야만 발화자의 카타르시스가 커지는데 같은 회사를 다니지 않는 친구들과는 본격적인 이야기에 이르기까지 배경 설명이 너무 길어져 본론은 모두가 피곤해지는 2차 즈음에야 가능하기 때문이다. 그래서 보통 짧은 요약, 겉핥기식 '뒷담화'가 이루어지곤 한다. 자신들의 상사·회사 '뒷담화'가 매우 어렵다는 객관적 현실이 파악되고 나면 두 번째 사냥감을 찾아 나설 수밖에 없는데(왜냐하면 우리가 한편임을 확인하는 것이 술자리의 주된 목표니까), 그 손쉬운 타깃은 곧잘 정치인이 된다. 문제는 날이 갈수록 그럴싸한 정치 비평이나 토론이 되지 못하고 과격하고 흥분한 상태에서 구체적인 근거를 대지 못하는 정치적 배설에 그친다는 것이다. 인생의 얼마 안 되는 즐거움 중에 하나인 술자리 대화가 너무 격조와 내용 없이 흘러갈 때면 씁쓸해지기도 한다.

화이트칼라 친구들은 보통 민주당 편향적이고, 음모론 중심주의와 대결주의·보수 박멸주의 등의 모습을 띠는 경우가 많다. 과격한 언어들은 쉽고 대중적인 수사로 무장한 유사 정치 평론가들과 닮았다. 이제 중간 관리자가 된 또래의 화이트칼라들은 나름 먹고살 만한 것 같은데 그렇게 감정적으로 정치인을 비난하기만 하는 것을 이해하기 어렵다. 그들은 왜 세상에, 정치인에 화가 나 있는 걸까? 조금 엉뚱하지만 나는 그것이 이제 중간 관리자가 된 중산층 화이트칼라들이 작업장에서 경험하는 배제, 소외와 불안 들이 작용한 결과일지 모른다고 생각한다. 다시 말해 내 주변의 많은 회사 과장들(조금 일찍 승진했다면 차장·부장들)의 과격한 술자리 언어는 조직에서 자신이 느끼는 어떤 폭력에 대한 불안과 우울이 회사 밖에서 표출되는 것일 수 있다. 나는 '뒷담화'의 현장에서 회사원들의 일상적인, 깊지도 얕지도 않은 오래된 무력감과 우울을 확인한다.

화풀이는 부하에게

일상의 작업장에 대한 불만은 사석의 엉뚱한 정치적 과잉으로 폭발하고, 더 정직하고 성실할지도 모르는 정치인들은 곧잘 '욕받이' 도마에 오른다. 내 주변 회사원들의 적대적인 정치 혐오 언어들에 진정성을 느끼기도 어렵다. 먹고살 만한 그들에게 정권 교체나 정치적 해결에 대한 결핍과 절박감이 별로 없어 보이기 때문이다. 사실 욕하는 이들에게 진짜 필요한 것은 정권 교체 같은 거시 정치의 변화가 아니라 그들을 집요하게 괴롭히는 사디스트 상사들을 교체하는 것일지 모른다.

묘한 것은 사디스트 상사에게 핍박받는 과장들의 공식적인 화풀이가 한줌밖에 안 되는 부하들에게 즉각 대물림되는 사무실 풍경들이다. 나에게 한 친구가 은밀하게 했던 고백은 상사에게 받은 스트레스를 부하에게 풀지 않으면 회사 일상을 견디기 어렵다는 것이었다. 이 고백은 화이트칼라 작업장이 어떤 먹이 사슬 구조를 이루고 있고 그 안의 인간관계가 강자와 약자로 구조화되어 있다는 실상을 폭로한다. 새벽에 일찍 출근한 본부장 상무가 팀장인 부장을 들볶는 날이면, 영문도 모른 채 출근한 과장들은 아침부터 팀장에게 꾸지람을 듣게 되고 그 과장들은 점심 메뉴를 탓하며 어리바리한 대리와 사원 들을 신나게 갈구는 한 편의 파노라마가 펼쳐진다. 이 순간들은 회사원들에게 매우 익숙한 장면이지만 빌딩 밖에서 사무실을 바라보는 위치에 서면 매우 기이하고 그로테스크하게 보인다.

왜 우리는 기꺼이 이러한 인간적인 수모를 주고받으며 이 순간들을 견디고 있는 걸까? 직급을 막론하고 본부장·팀장·팀원들은 모두 일개 근로자에 불과하다. 인간적 모욕을 주고받기 위해서가 아니라 일하기 위해 모인 회사라면 업무를 중심으로 깔끔하게 일을 나누어 자기 역할을 충실히 수행한 결과를 중심에 두고 서로를 평가하면 되는 것 아닌가. 그런데 왜 우리는 일뿐만 아니라 인격까지 저당 잡혀 부모로부터도 들어보지 못한 욕을 회사에서 들어야 하는 것일까? 사무실에서 '깨고 깨지는' 장면들은 그럴 만한 까닭이 없는데도 매일 반복되고 마치 무대 위에서 역할을 부여받은 것처럼 사디스트와 매저키스트가 되어 서로를 괴롭히고 괴롭힘 당하는 것을 즐기는 것처럼 보인다. 그러나 이 괴롭힘의 사슬과 무관하게 상사와 부하는 모두 사용·종속 관계에 놓인 근로자라는 사실을 깨달을 필요가 있다.

그 위계에도 불구하고 사무실 구성원 대부분이 노동자로

서 근로 계약 관계에 있다는 것은 무엇을 뜻하는가? 한마디로 말하자면 노동법상 사용자가 아니라 근로자라는 얘기이다. 사무실에서 가장 높은 자리에 있는 듯 보이는 본부장인 상무나 전무라고 대부분 예외는 아니며 그들 역시 〈근로기준법〉의 보호를 받는다. 노동법이 자애로운 것이어서 상무들을 과잉보호하는 것이 아니라 그들이 사원들을 감독하는 지위에 있을지라도 법적으로 '종속 노동'을 하고 그 대가로 월급을 받는 경우, 법은 평등하게 근로자로서 보호한다(간혹, 계약 내용과 업무 등에 따라 근로자성이 인정되지 않는 임원도 있기는 하다). 저 윗자리에 있는 화이트칼라 상사와 부하를 하나의 종속 노동자, 을의 지위로 묶어 버리는 노동법상 근로 계약이란 무엇일까.

영혼 없는 사인

근로 계약이란 근로자가 근로를 제공하고 사용자는 임금을 지급하는 것을 목적으로 체결한 계약을 말한다(근로기준법 제2조 제1항 제4호). 우리가 흔히 말하는 계약이란 어떤 법률 효과를 목적으로 하는 당사자의 '자유로운' 합의를 말한다. 여기에서 말하는 자유에는 계약 상대와 계약 내용, 방식을 자유롭게 결정하는 것까지 포함한다.

그러나 근로 계약을 체결하려는 우리에게 그러한 자유가 허용된 적이 있던가? 긴 구직의 대열에 서 있는 취업 준비생은 오직 채용당하길(pick me up!) 기다리는 가녀린 존재처럼 보인다. 그들에게 회사는 믿어야 할 종교가 되어 버렸지 동등한 지위를 가진 계약 체결의 상대로 다가오지는 않는다. 퇴사를 한 번쯤 고민해 본 사람들조차 긴 대열로 서서 자기 차례를 기다리는 산업 예비군들을 보면 자기가 쥔 떡이 더 커 보이고 회사를 막상 나가려 해도 자신이 갖고 있는 것들을 한 번쯤 더 생각해 보게 된다.

취업 준비생은 다른 말로 근로 계약의 청약자이자 예비 계약자라 할 수 있다. 이들은 취업 공고를 보고 계약을 청하는 의사 표시, 즉 청약을 수백 번도 더 하다가 거듭된 좌절 끝에 극단적 선택을 하기도 한다. 이 비극적인 사건들이 최근의 새로운 현상은 아니다. 좌절한 개인들의 실패는 역사적으로 반복되어 왔다.

유명 사립대 출신 30대 취업준비생이 자취방에서 숨진 뒤 닷새

만에 발견됐다. 1일 영등포 경찰서와 소방당국에 따르면 지난달 24일 오후 11시30분께 서울 영등포구의 한 원룸에서 A(31)씨가 숨진 채 발견됐다. 경찰은 타살 가능성이 없는 것으로 보고 A씨가 스스로 목숨을 끊은 것으로 결론 내렸다. (중략) 서울의 유명 사립대를 졸업한 A씨는 직업을 구하지 못해 취업 스트레스를 받고 있었던 것으로 조사됐다. 그나마 취업률이 높은 공대 출신이던 그는 대기업 위주로 입사지원서를 냈으나 계속 낙방했다.

(2017. 6. 1. 매일경제)

50여 년 전에도 비슷한 비극은 있었다. 약간은 다른 방식이었는데 당시 '취준생'들은 오히려 지금보다 더 당당했고, 자기주장을 정당하게 요구할 수 있었던 모양이다. 한국 실업자협회라는 단체가 조직되어 있다는 사실도 흥미롭다.

1961년 3월 23일 오전 10시 반부터 한국실업자협회는 서울역 광장에서 '우리에게 일터를 달라'는 궐기대회를 개최했다. 약 2000여 명의 회원들은 '국토개발사업 서둘러서 우리들을 연명케 하라' '우리에게 일터 주면 무력 없이 멸공된다'는 등의 플래카드를 내걸고 대회가 끝나자 시가행진에 들어갔다. 1961년 4월 1일 밤 10

시쯤 남산 약수터에서 안동훈이란 22세 청년이 전깃줄로 목을 매어 죽으려다가 순찰경관에게 발견되어 살아났다. 세 번째 자살미수였다. 그는 '실업구제 없이 난국타개 없다'는 유서와 '영화배우 김진규씨에게 보내어 영화화해달라'는 유서 등 두 통의 유서를 갖고 있었다.[01]

구직과 일자리가 종교가 된 것은 어제오늘 일은 아니다. '헬조선' 담론의 밑바탕에 흐르는 실업의 역사는 근래 본격화된 현상이 아닌 것이다. 무직의 고통은 구직 기간의 고통과 비례한다. 간절한 예비 근로자들은 힘들고 고통스러운 구직 과정을 거치고, 회사로부터 합격 통지를 받으면 드디어 근로 계약을 체결하게 된다. 근로 계약서를 작성해 본 적이 없거나 심지어 계약서 양식을 본 적도 없는 분들이 있을지도 모르겠다. 그러나 사용자는 근로자에게 임금 등 관련 사항이 명시된 서면을 근로자에게 교부해야 할 의무가 있다(근로기준법 제17조 제2항).* 고용노동부가 제시하는 표준 근로 계약서를 한번 살펴보

---

* 근로기준법 제17조(근로조건의 명시) ② 사용자는 제1항 제1호와 관련한 임금의 구성항목·계산방법·지급방법 및 제2호부터 제4호까지의 사항이 명시된 서면을 근로자에게 교부하여야 한다.

자(표준 근로 계약서는 고용노동부 홈페이지에서도 확인 가능하다(http://www.moel.go.kr 참조)).

고통스럽고 힘든 구직 과정을 거친 신입 사원들이 보통 한 장짜리 근로 계약서에 영혼 없는 사인을 하는 순간 그토록 원하던 회사원이 된다. 이 계약의 체결에 따라 사용자와 근로자 사이에 정식 근로관계가 성립한다. 아이러니한 것은 그렇게 들어간 회사를 그만두지 못해 결국 자기 목숨을 끊는 근로자들이 다른 한편에서 계속 나오고 있다는 점이다. 회사 스트레스로 인한 극단적인 선택은 한국만의 사회 문제는 아니다. 몇 년 전 프랑스 같은 노동 선진국에서조차 직장 내 괴롭힘과 조직 스트레스로 유례 없는 집단 자살 사건이 발생하기도 했다.

(프랑스텔레콤에서) 2008~2009년 사이 30명이 넘는 직원들이 자살을 선택했고, 그 중 일부는 회사의 가혹한 인사정책을 비난하는 메모를 남기기도 했다. 자살이 잇따르며 사회적으로 논란이 일자 부사장들이 책임을 지고 잇따라 옷을 벗었으나 롱바르는 회장으로 승진해 여전히 회사를 이끌다가 2010년 초 결국 비난여론을 견디지 못하고 사임했다. 그의 사임 이후에도 프랑스텔레콤에서

표준근로계약서

_____ (이하 "사업주"라 함)과(와) _____ (이하 "근로자"라 함)은 다음과 같이 근로계약을 체결한다.

1. 근로개시일 :   년   월   일부터
2. 근 무 장 소 :
3. 업무의 내용 :
4. 소정근로시간 : __시 __분부터 __시 __분까지 (휴게시간 : 시 분 ~ 시 분)
5. 근무일/휴일 : 매주   일(또는 매일단위)근무, 주휴일 매주 요일
6. 임 금
   - 월(일, 시간)급 : _____원
   - 상여금 : 있음 ( ) _____원, 없음 ( )
   - 기타급여(제수당 등) : 있음 ( ), 없음 ( )
   · _____원, _____원
   · _____원, _____원
   - 임금지급일 : 매월(매주 또는 매일) ___일(휴일의 경우는 전일 지급)
   - 지급방법 : 근로자에게 직접지급( ), 근로자 명의 예금통장에 입금( )
7. 연차유급휴가
   - 연차유급휴가는 근로기준법에서 정하는 바에 따라 부여함
8. 사회보험 적용여부(해당란에 체크)
   □ 고용보험   □ 산재보험   □ 국민연금   □ 건강보험
9. 근로계약서 교부
   - 사업주는 근로계약을 체결함과 동시에 본 계약서를 사본하여 근로자의 교부요구와 관계없이 근로자에게 교부함(근로기준법 제17조 이행)
10. 기 타
   - 이 계약에 정함이 없는 사항은 근로기준법령에 의함

                           년   월   일

(사업주) 사업체명 :   (전화 :   )
        주   소 :
        대 표 자 :   (서명)
(근로자) 주   소 :
        연 락 처 :
        성   명 :   (서명)

는 계속 자살사건이 잇따라 지난해까지 모두 60여 명이 스스로 목숨을 끊었다. 프랑스텔레콤 노조 등은 2010년 임원진들을 고발했으며, 이에 따라 프랑스 노동당국이 근무환경 실태를 조사하기도 했다. 당국의 보고서는 가혹한 구조조정이 직원들의 정신건강에 '병리학적 영향'을 미쳤다고 결론 내렸다.

(2012.7.5. 한겨레)

도대체 일한다는 것이란, 일터란 우리에게 무엇일까? 건조한 계약서 내용과 달리, 근로 계약은 인간의 노동력을 판매함으로써 복잡다단한 현실 문제를 발생시킨다. 근로 계약은 본래 의미상 '자유로운' 계약이지만 근로를 제공하는 당사자가 인간이라는 특수성이 존재한다.

모든 국민의 일할 권리

일이 노동자에게 부여하는 의미를 조금 깊게 들여다볼 필요가 있다. 단순히 임금을 받는 것에서 나아가, 일 자체가 개인에게 일상의 규칙을 부여하고 정체성과 가치를 제공하는 측면

이 있다. 우리 헌법에도 일은 국민에게 근로의 의무로 규정되어 있지만(헌법 제32조 제2항), 일할 권리라는 기본권으로도 인정되어 있다(헌법 제32조 제1항).● '일을 한다'는 것이 시민과 노동자에게 어떤 권리로 인정되면, 일을 못하는 실업자에게 복지 차원에서 기본 소득을 제공하는 것이 완전한 정책이 되지 못하는 이유 역시 쉽게 이해할 수 있다. 일은 개인에게 사회 구성원으로 참여한다는 것을 의미하고, 개인적·사회적 효능감을 고양시켜 주기 때문에 단순한 돈벌이 수단을 넘어선다.

특히 한국 사회에서 일자리 혹은 회사는 지위재의 의미를 더 크게 갖는다. 대학 등록금을 대 준 부모님에게, 삼성전자에 합격했다고 말하는 것과 하청 중소업체에 합격했다고 말하는 것이 어떤 차이를 갖는지 우리 모두 알지 않는가. 취직 후 우리가 대학 동기들에게 자랑스럽게 명함을 건네는 행위는 어쩌면 스스로 생각하는 심리적 만족보다 무의식의 영역에서는 훨씬 더 큰 의미를 가질 수 있다.

일이 주는 의미가 개개인에게 미치는 영향은 집단적으로

● 헌법 제32조 ①모든 국민은 근로의 권리를 가진다. 국가는 사회적·경제적 방법으로 근로자의 고용의 증진과 적정임금의 보장에 노력하여야 하며, 법률이 정하는 바에 의하여 최저임금제를 시행하여야 한다.

구성되기도 한다. 1930년대의 한 사회 통계 연구는 놀라운 연구 결과를 우리에게 보여 준다. 도시 전체가 실업 상태에 빠진 오스트리아의 작은 산업 도시 마리엔탈을 관찰한 연구였는데 불경기 이전의 주민들은 일뿐만 아니라 여가 활동도 활발했다. 완전 고용 상태에서 정치 조직에 참여하기도 하고 공공 도서관을 자주 방문했으며, 다양한 사회 행사에 참여하는 사람도 많았다. 모범 시민 같은 모습이었다.

그러나 도시의 공장이 문을 닫아 많은 사람들이 실직 상태에 빠지자 갑자기 시민들은 대부분의 사회적 활동에 무관심해졌다. 연구자들은 마리엔탈의 노동자들을 다음과 같이 묘사했다.

그들은 일과 외부 세계로부터 차단당했고, 자신들의 시간을 사용하려는 물질적, 도덕적 동기를 잃었다. 그들은 이제 어떠한 압력도 받고 있지 않다. 새로운 것을 전혀 시도하지 않고, 질서 정연한 존재에서 점차 무질서하고 공허한 존재로 변화한다. 자신들의 자유로운 시간을 돌아봤을 때, 이들은 언급할 만한 가치가 있는 어떤 것도 기억하지 못한다.[02]

마리엔탈 시민들 사례를 보면, 일과 개인·집단의 관계에 대한 무서운 함의가 발견된다. 실직은 마치 사람들과 도시로부터 모든 에너지를 빨아들이는 것 같다. 실직 후 시민들은 여가를 즐길 수 있는 능력 또한 잃는다. 직업을 가질 수 없는 사람들은 결코 일에서 자유로운 것이 아니라, 일할 자유를 갖지 못한 상태로 갑자기 전락하게 된다. 대부분의 시민들이 실직 상태에 적응하지 못하기 때문이다.

'근로 계약의 체결' 절차는 바로 이러한 일의 속성, 일이 근로자에게 주는 다층적 의미의 맥락에서 파악해야 한다. 사회적 신분권을 획득하는 절차이기도 한 근로 계약을 단 한 번도 체결할 수 있는 권리를 부여받지 못하는 것(실업)이나, 일방적으로 해지당하는 것(해고)은 근로자에게 월급을 받지 못한다는 단순한 의미가 아니라, 삶의 가장 중요한 과정과 목적이 제서되거나 박탈되는 결과를 초래하는 것이다. 요컨대 일은 개인의 정체성을 구성하는 가장 핵심적인 사회적 조건이고, 근로 계약이란 그 정체성을 구성하는 가장 필수적인 절차이다. 그러나 그렇게 채용되길 바랐었지만, 우리는 계약을 체결하는 순간 자유를 잃는 역설이 발생한다.

내 자유를 팝니다

금전 소비 대차 계약이나 부동산 매매, 임대차 계약 같은 경우, 계약 당사자들이 인격적 구속을 당하지는 않는다. 아무리 부동산 임대인이라고 하더라도 집주인이 임차 건물에 무단으로 들어갈 수 없고, 돈을 빌려준 사람이라도 빚진 자에게 인격을 모독하는 욕설을 하거나 폭력을 휘두르며 빚 독촉을 할 수는 없다. 법으로 이를 금지하고 있기 때문이다.

근로 계약의 경우 어떤가? 〈근로기준법〉은 노동을 하고 임금을 받는 간단한 교환 관계를 정의하고 있지만 실상 근로 계약은 노동력과 자유를 동시에 파는 것이다. 즉 우리가 생산하는 상품과 지식, 서비스가 아니라 우리의 자유를 반납한 대가로서 임금을 받는 것이 핵심 내용이다. 사실상 '사용자의 지시에 따를 것에 동의하는 계약'이라고 표현할 수 있다.

근로 계약은 인격을 가진 근로자의 일부를 어쩔 수 없이 거래의 대상으로 하며 계약을 자유롭게 체결했다고 착각하더라도, 회사에 입사하는 순간 노동자는 사장의 순한 양이 되는 문화적 경로가 예정된다. 실제로 우리는 단지 하루 8시간의 시간과 공간의 자유를 제약당하는 것을 넘어 인생 전체를 회사

에 저당 잡힌 채 살아가고 있지 않은가. 다행히 〈근로기준법〉
은 강제 근로를 다음과 같이 금지하고 있다.

> 사용자는 폭행, 협박, 감금, 그 밖에 정신상 또는 신체상의 자유를
> 부당하게 구속하는 수단으로써 근로자의 자유의사에 어긋나는
> 근로를 강요하지 못한다.
>
> 〈근로기준법〉 제7조 강제 근로의 금지

그러나 우리는 직접적인 강제 근로까지는 아니더라도 '연
성 강제 근로'에 시달리고 있다. 만성적인 야근, 휴일 워크숍,
언제나 생글생글 웃는 얼굴을 유지해야 하는 감정 노동들이
바로 그것이다. 당연히 근로 계약에는 포함되어 있지 않다. 다
만 사업장 자체의 한계이거나 근로 계약의 대상인 '노동력'이
인격과 불가분의 관계에 있기 때문에 불가피하게 발생하는
'강제 근로'라고 보아야 한다. 근로자의 숙명이라고 하더라도
계속되는 어떤 문화적 지체 현상들을 목도하면 계약 자체에
문제가 있지 않은가 하는 의심이 들기 시작한다.

이렇게 '연성 강제 근로'가 지속되는 현실은 근로자의 지위
가 사용자의 지위보다 구조적으로 불리하다는 조건에서 기인

한다. 즉 만성적 실업이 일상화된 현대 사회에서는 거의 대부분 사용자가 사회·경제적으로 우위에 있을 수밖에 없는데 그러한 조건이 근로자에게 일상적·문화적으로도 불리한 위치에 있게 한다. 우리가 독립된 인간이 아니라 이른바 '회사 인간'으로 살아갈 수밖에 없는 이유가 여기에 있다. 회사를 떠난 삶이라는 것이 가당키나 한 일인가? 회사 밖의 삶은 결국 자영업·프리랜서의 세계에 진입하는 것인데 적정한 자본 혹은 자격증을 보유하지 못하면 그야말로 지옥으로 떨어지기 십상이다. 결국 삶의 조건이 되어야 할 근로 계약이 우리 삶을 옥죄고 삶을 결정짓는 어떤 상수가 되어 버린 이 압도적 현실은 우리를 일순간 무력하게 만든다.

노동법은 관계의 룰

근로 계약의 테두리 안에서 회사를 벗어나지 않고 좀 더 인간적인 삶을 살 수는 없을까? 그에 대한 모든 답은 아니지만 일부의 답이 노동법 안에 존재한다. 노동법은 살아 있는 인간관계를 규율 대상으로 하는 유일한 법률이라 할 수 있다. 물론 혼인·가족 관계·상속 등을 규율하는 법률이 민법 내 〈친족상속법〉(이른바 〈가족법〉)으로 묶여 호명되고 사적인 인간관계를 규율한다. 〈가족법〉이 관계의 시작(혼인)과 끝(사망과 그에 따른 상속), 혹은 뒤틀림(이혼 등)을 규정하고 있다면 노동법은 회사에 입사하여 퇴사하기까지의 전 과정을 대상으로 한다. 비교를 해 보면 노동법이 일터에서 발생하는 대부분의 사건과 사고들을 포섭하고 있다는 점에서 더 일상 친화적인 법률이라고 할 수 있다.

그러나 모든 법률이 그러하듯이 노동법 역시 완벽하게 모든 사안을 포섭하지는 못한다. 법률은 그 형식상 추상적으로 만들어질 수밖에 없는 한계에 따라 곳곳에 빈틈이 발생할 수밖에 없고 노동법 역시 그러한 법률 일반의 한계를 갖고 있기 때문이다. 그럼에도 불구하고 노동법은 회사원이라면, 특히 노동조합의 보호를 받지 못하는 화이트칼라 회사원이라면 반드시 알아야 하는 법률이라는 점을 다시금 강조하고 싶다.

시간의 구속과 월급

근로 계약에 진짜 '자유로운 계약'의 원칙이 적용될 수 있을
까? 고용되고 싶은 예비 피고용인이 넘쳐나는 시대에 말이다.
산업예비군의 상시적 존재는 고용 시장의 구조적 불평등을 야
기하므로 취업 시장은 근로자들에게 기울어진 운동장이다. 여
러 대기업에 동시에 합격하고 근로 계약을 선택적으로 체결하
는 극히 예외적인 사례를 제외하면 많은 이가 수십 번 취업 원
서를 쓰고, 단 한 번 합격한 회사와 근로 계약을 체결한다. 현
실이 이러한데 피고용인이 될 처지인 예비 근로자에게 계약의
자유가 존재한다고 할 수 있겠는가.

　겨우 취업의 문턱을 넘어 스스로 선택한 회사와 계약을 체
결한다는 것의 진정한 의미는 자유의 구속이 시작되는 새로운
일상을 온전히 받아들인다는 것이다. 대학을 졸업하고 입사한
근로자가 마주하는 첫 번째 현실은, 아침 9시까지 출근 후 언
제 퇴근할지 스스로 결정할 수 없는 '야근 지옥'의 일상이다. 〈근
로기준법〉은 주 40시간의 노동을 법으로 정하고 2018년 7월
부터 사업장에 따라 순차적으로 연장 근로를 12시간으로 엄격
하게 제한하고 있지만 실제 현실은 법의 조건과 달리 가혹하

기만 하다. 대학을 졸업한 신참 화이트칼라들은 과거 자신들이 감당해야 했던 주 15학점이 아니라, 최소 하루 8시간(보통의 경우 하루 10시간 이상)을 당연히 회사에 바치도록 강제하는 근로 계약을 통해 '노동 선언'을 하고 회사의 문턱을 넘은 것이다.

근로자가 작업장에서 받는 월급은 그들이 생산한 상품과 서비스에 대한 대가가 아니라 생산 과정에서 상실한 자유의 대가로 보상받는 것이다. 우리는 하루의 일과를 일찍 마쳤다고 할지라도 최소한 아침 9시부터 저녁 6시까지 정해진 자리에 앉아서 컴퓨터 모니터를 들여다보는 척이라도 해야 한다. 그것이 월급을 받는 것에 대한 마땅한 대가이며, 내 자유 상실에 대한 보수이다. 신체적 구속과 물리적 시간의 제약을 회사와 약속했기 때문이다. 자신이 맡은 일이 끝나면 곧바로 퇴근할 수 있는 계약이라면 이는 별도의 법률상 계약(용역 계약이나 도급 계약)으로 취급된다. 통상 근로 계약의 경우 나 자신뿐만 아니라 다른 근로자와 함께 일하는 조건이 수반되므로 조직의 규칙을 따라야 하는 제약도 존재한다.

회사가 원하는 인간상

근로 계약이 노동력과 근로자의 인격 일부를 동시에 취급하는 계약이라는 점은, 여러 슬픈 사실들을 동반한다. 물리적 구속을 행하는 회사에 사로잡히는 순간, 우리는 회사의 '인적 자원 관리'에 순치되는 과정에 빠질 수밖에 없다. 회사는 구성원들에게 본연의 개성을 허용하는 조직이 아니다. 공개 채용 과정에서 회사가 표방하는 인재상은 실제 현장과 직무 과정의 분석과 관찰을 통해 도출한 결과가 아니라, '우리 회사원들이 이러면 좋지 않을까'라는 추상적 마케팅 용어에 불과하다. 그러한 인재상들은 인사 팀이 외부 컨설팅 회사와 함께 단기간 작업한 프로젝트 결과물일 가능성이 크기 때문이다. 그렇다고 해서 구직자들이 저 인재상을 무시해도 된다는 뜻은 아니다. 어쨌든 채용 프로세스에는 인재상의 부합 여부에 따라 나름의 배점표가 있다. 그 배점이 입사 후에 적용되지 않는다는 점이 회사의 냉정한 진실일 뿐이다.

회사에서 인간으로서의 자유와 존엄을 지키기 어려운 것은 무엇 때문인가? 흔히 '회사 인간'이라고 말하는 인간 유형은 개인의 욕구를 조직 내에서 곧잘 억누르고, 조직이 원하는 인간형으로 보이게끔 스스로를 개조하여 맞춘다. 그러나 조직에 적응한다는 것은 입사 후 처음에는 억지로 자신을 상사에게 맞추다가, 스스로 상사가 되는 순간에는 자신의 원래 모습을 잃은 채 한때 욕하며 맞추어 가던 상사형 인간이 되는 과정이기도 하다. 처음에는 하루 8시간을 회사에 판매했는데, 결국 자신의 인격도 판매하며 원래 자신의 모습을 잃는 순치가 발생하는 것이다.

그 과정에서 개인의 저항은 무력하다. 저항하는 조직원을 조직은 보호하지 않는다. 회사는 사원·대리·과장이 되기까지 끊임없이 근로자 개인의 자유를 유보할 것을 요구한다. '일'과는 무관한 회식과 워크숍, 업무 능력과 관계없는 진급 시험은 회사의 인적 자원 관리의 일환에 따른 정교한 프로그램이다. 하루 법정 노동 시간 8시간과 함께 그 외의 시간을 포함하는 회사의 모든 문화적 기획의 촘촘함은 제한되는 개인의 자유의 크기와 거의 일치한다. '회사가 과연 근로자에게 어느 정도의 자유의 박탈을 요구할 수 있을까' 하는 문제는 일상적·문화적인 영역이며 매우 은밀하게 작용하기 때문에 접근하기 어려운 문제이기도 하다. 사실, 개별적이고 구체적인 사례는 술자리에서나 등장할 뿐 공론화되기 힘든 속성도 존재하기 때문이다. 그러나 최근에 나온 주목할 만한 하급심 법원 판결은 자유를 지키려는 근로자 개인과 회사와의 극적인 싸움을 보여 준다. 우리는 이 사례를 통해 사생활의 자유와 회사의 업무 지시권 사이의 긴장을 구체적으로 살펴볼 수 있다.

일상까지 침범하는 회사

근로자가 얼마나 자기 통제권을 행사할 수 있는가는 단순히 일터의 인권 문제일 뿐만 아니라, 근로자의 기본권 수호에서도 매우 중대한 문제이기도 하다. 8시간의 근로 시간 동안 회사가 근로자를 지휘·감독하는 것은 계약상 당연한 회사의 권리라고 할 수 있다. 문제는 그 8시간의 범위가 엄격한 기준 없이 확대되는 경우다. 얼마 전부터 문제 되었던 카카오톡을 통한 근무 시간 외 업무 지시 문제부터, 스마트폰을 통한 상시적인 근로자 감시까지, 이들은 모두 애매한 근로 계약상 근로 제공 의무와 관련되어 있다. 다음 사례를 살펴보자.

한 통신회사에서 20여 년 근무했던 근로자 김석현 씨는 무선품질

측정업무를 담당하게 되었다. 그런데 회사는 업무를 수행하기 위해서 필수적으로 애플리케이션을 근로자 개인의 스마트폰에 저장하고 실행시키는 것을 요구했다. 회사의 방침에도 불구하고 김 씨는 업무를 위한 필수 애플리케이션이 개인정보를 침해할 것이라는 우려로 자신의 업무용 단말기에 설치할 것을 거부하였다. 이어서, 김 씨는 회사에 업무 수행을 위한 사업용 단말기를 자신에게 따로 지급해 주거나, 또는 본 업무 이외에 임대 단말 회수업무를 배정해 줄 것을 요청하였다.

문제가 되었던, 회사가 요구한 업무용 애플리케이션의 기능과 그 정의는 다음과 같은데 판결 내용에 소개된 부분을 옮겨 보면 다음과 같다.

> **카메라** 애플리케이션이 언제든 카메라를 사용해 사진과 동영상을 촬영할 수 있도록 허용합니다.

> **통화** 애플리케이션이 전화 기능을 사용할 수 있도록 허용합니다. 이 권한이 허가된 애플리케이션은 전화번호, 휴대폰의 일련번호, 통화 실행여부, 통화가 연결된 전화번호 등을 알아낼 수 있습니다.

현재 위치 앱이 기지국이나 WLAN AP 등의 네트워크 소스에 기반한 위치 정보 서비스를 사용하여 사용자의 대략적인 위치를 알 수 있도록 허용합니다. 위치 정보 서비스를 사용하도록 설정하면 이 권한을 통해 앱이 사용자의 대략적인 위치를 파악할 수 있습니다.

진동 설정 관리 애플리케이션이 휴대폰이 잠자기 모드로 전환하지 않게 설정할 수 있도록 허용합니다.

소셜 정보 읽기 애플리케이션이 내 디바이스에 저장된 모든 연락처(주소) 데이터를 읽을 수 있도록 허용합니다. 악성 애플리케이션이 이를 이용해 사용자 데이터를 다른 사람에게 전송할 수 있습니다.

내 개인정보 애플리케이션이 친구나 동료의 일정을 포함하여 디바이스에 저장된 달력의 모든 일정을 읽을 수 있도록 허용합니다. 애플리케이션이 기밀이나 중요한 정보를 포함한 달력의 데이터를 공유하거나 저장할 수 있습니다.

저장소 애플리케이션이 내장메모리에 데이터를 쓸 수 있도록 허용합니다.

내 메시지 애플리케이션이 문자메시지를 보낼 수 있도록 허용합니다. 악성 애플리케이션이 이를 이용해 사용자 동의 없이 메시지를 발송하여 추가요금을 발생시킬 수도 있습니다.

내 계정 애플리케이션이 휴대폰에 저장되어 있는 계정목록에 접근할 수 있도록 허용합니다.

애플리케이션 정보접근 애플리케이션이 최근 또는 현재 진행 중인 작업에 관한 정보를 얻을 수 있도록 허용합니다. 악성 애플리케이션이 이를 이용해 다른 애플리케이션에 관한 개인정보를 수집할 수 있습니다.

동기화 설정 애플리케이션이 동기화 실행날짜와 같은 동기화 정보를 읽을 수 있도록 허용합니다.

회사는 스마트폰을 별도로 지급하거나 아니면 다른 업무로 변경해 달라는 김 씨의 요청을 거절했다. 이어 김 씨에게 사무실에 대기할 것을 지시하는 한편 원래의 업무 수행을 계속하도록 촉구했다. 그럼에도 김 씨가 개인정보 침해를 이유로 애플리케이션을 자신의 업무용 단말기에 설치할 것을 거부하면서 업무 수행을 하지 않자, 회사는 결국 정직 1월이라는 징계 처분을 했다. 사건이 법원에 이른 것은 용감한 김 씨가 정직 처분을 취소해 달라는 소송을 제기했기 때문이다.

회사가 요구하는 스마트폰 애플리케이션의 권한 요구 사항을 가만히 읽어 보면, 스마트폰에 관한 거의 모든 기능을 요구하고 있다. 심지어 업무 시간 외에 스마트폰의 기능을 정지하려 할 때에도 회사는 '잠자기 모드'로 전환하지 못하게 함으로써 근로자가 해당 시간에 무엇을 하는지 확인할 수도 있었다.

이 사건의 쟁점은 '회사가 업무 수행에 반드시 필요하다고 판단한 애플리케이션 설치를 근로자가 거부할 수 있는가'라는 부분이다. 몇 가지 쟁점이 더 있지만 단순하게 결론부터 보면 1심 법원은 이 문제를 근로자의 개인 정보 보호권과 회사의 업무 지시권의 이익 형량 문제로 보았고, 1월 정직 처분이 부당하다고 판단했다. 법원은 회사의 업무 지시 필요성이 김 씨의 개인 정보 자기 결정권에 대한 제한의 불이익보다 더 크다고 볼 수 없으므로 징계 사유가 존재한다고 보기 어렵다는 결론을 내린 것이다.

회사의 업무 지시 필요성보다 근로자의 개인 정보 자기 결정권이 더 크다고 판단한 첫 번째 이유는 업무와는 무관한 개인 정보 수집이 발생할 수도 있다는 우려 때문이었다. 회사가 근로자의 스마트폰에 설치된 애플리케이션이 실제 수집·전송하는 정보는 전화번호·단말기 정보·위치 정보·측정 시간·네트워크 정보·LTE 정보 등이다. 문제가 된 애플리케이션이 수집할 수 있는 정보는 사실상 스마트폰의 거의 모든 기능이었다. 회사는 마음만 먹는다면 근로자의 위치 정보뿐만 아니라 통화 내역이나 사진을 열람할 수도 있다. 물론 이 사례 속 회사는 이러한 불법적 행위를 실제로 하지는 않았다. 문제는 광범위한 기능을 가진 애플리케이션을 예외 없이 근로자에게 설치하도록 강제했다는 점이고, 회사가 위법한 권한을 사용할 수 있는 가능성을 갖는다는 점이었다.

스마트폰은 사실상 개인 정보의 총합이며 소유자의 기억보다 더 광범위한 내용을 담고 있다. 그런데 업무 수행에 필요하다며 광범위한 개인 정보 수집 권한을 갖는 애플리케이션을 강제로 실행하도록 한다는 것은 사실상 근로자의 모든 개인 정보를 회사가 수집하겠다는 것, 8시간의 하루 근로 제공 시간 이외의 모든 사생활을 통제하겠다는 것과 같은 의미이다. 회사는 친구들과의 통화 내역이나 집 안에서 촬영한 사진까지 들여다볼 수 있는 권리가 없다. 법령이 강제하는 것으로 보이지는 않지만, 앞으로 이 회사는 근로자 개인에게 별도의 업무용 스마트폰을 제공하지 않는 한 애플리케이션을 실행하게 할 권리를 갖지 못하게 하는 규정을 정비해야 한다.

골리앗과의 싸움을 홀로 외롭게 해야 했던 김 씨를 제외한 모든 직원들은 얌전하게 애플리케이션을 깔고 일터로 향했다. 그들이 느낀 감정은 회사에 계속 일하게 되었다는 안도감이었을까, 사생활이 모두 발가벗겨진 모멸감이었을까, 그것도 아니면 두려움이었을까? 회사는 김 씨 이외의 모든 근로자들에게 수집한 업무 외 개인 정보를 나중에 어떻게 사용할 수 있을까.

회사가 제공하는 컴퓨터로 업무를 수행하고 회사가 제공하는 소프트웨어로 문서를 작성하고 주고받는 과정에서 회사가 어디까지 정보를 수집하고 처리하는지 어떤 근로자도 제대로 알지 못한다. 지급된 업무용 노트북과 스마트폰은 근로 계약을 해지하거나 변동이 발생하는 경우 회사에 반납해야 하는 의무도 있다. 그렇다면 그 안에 있는 모든 정보들은 과연 근로자 개인의 것인가 회사의 것인가? 회사 소유 정보라 할지라도 은밀한 사생활이 기기에 담겨 있다면 그 정보의 처분은 누가 어떻게 해야 할까. 근로자가 혹시 경쟁 회사로 이직하려 하는 경우, 회사는 반납받은 노트북과 스마트폰에 저장된 정보들로 근로자를 곤경에 처하는 행위를 할 수 있지는 않을까.

회사 내 메신저로 나눈 상사에 관한 '뒷담화'들은 인사 팀 담당자들이 모두 스크리닝하고 감시하는 것은 아닐까. 업무용 이메일이 아니라 회사 내에서 사용하는 외부 개인 이메일 내용 역시 회사 IT부서가 확인하고 있는 것은 아닌가. 의문은 끝이 없으나 사실로 확인되거나 사건으로 드러난 경우는 거의 존재하지 않는다. 그러나 현재까지 사건이 존재하지 않는다고 하여 그것이 사실이 아닌 것은 아니다.

| 2장 |

사표는 절대 금지

일개 노동자의 최고 전략

바야흐로 다시 사직^{辭職}의 시대이다. 한국 경제 위기설이 끊이지 않았지만, 지금처럼 눈앞에 실체가 드러난 것은 1997년 외환 위기 이후 처음인 것 같다. 경제 전문가는 아니지만 각 산업 부문에서 시작된 경제 위기가 혹여 한국 경제 전체를 흔들지는 않을지 우려가 된다.

채권단은 위기에 빠진 회사가 추가 지원에 앞서 자구 노력을 먼저 이행해야 한다고 주문한다. 문제는 그 자구 노력의 핵심 가운데 하나가 바로 노동자 인원 감축이라는 것이다. 인원 감축이 실행되는 회사 내부에서는 실제로 어떤 일이 벌어질까? 회사는 직원을 선별하기 시작한다. 누적된 인사 평가 자료를 기준으로, 전체 직원을 반드시 내보내야 할 그룹, 회사 입장에서 남아도 상관없는(남지 않아도 되는) 그룹, 회사의 이익을 위해 반드시 필요한 그룹 등으로 분류한다.

인사 팀(인력 팀)은 전체적인 구조 조정 인력 규모를 정한 후 반드시 내보내야 할 사원의 리스트를 작성하여 해당 부서에 할당하고, 각 부서장은 대상자와의 면담 작업에 돌입한다. 이 면담의 목적은 대상자들이 부서장을 통해 자연스럽게 자신의 처지, 회사에서의 위치를 이해하고 스스로 회사를 나가도록 하는 것이다. 이와 같은 일련의 과정, 회사의 직원 분류부터 자발적인 사직서 제출까지의 프로세스를 회사 입장에서 '권고사직 절차'라 부를 수 있다.

권고사직은 〈근로기준법〉 등에 규정되어 있는 법률 용어가 아니다. 단어 문면의 의미대로 사직을 권고한다는 의미의 일반적 용어에 불과하다. 하지만 이 용어는 정리 해고나 징계 해고와 같은 실제 노동법 용어보다 광범위하게 사용된다. 실제 현실에서 사용자는 직원 인원 감축 방법으로, 징계 해고나 정리 해고를 통한 법률상 해고보다 권고사직을 통하는 경우가 많다.

사용자 입장에서 권고사직이 훨씬 광범위하게 사용되는 것은 그것이 사용자에게 유리하다는 단순한 이유 때문이다. 정리 해고나 징계 해고를 당한 노동자는 회사를 상대로 소송을 할 수도 있는데 이때 회사 평판이 나빠질 수도 있으며, 소송 자체로 회사가 불필요한 비용을 치를 수도 있다. 이런 상황을 고려하면 사용자는 노동자가 '자신의 의사대로 조용히' 회사를 나가길 바라게 된다. 바로 권고사직을 통해서 말이다.

그렇다면 사직을 권유받은 노동자는 어떻게 대처해야 하는 가? 부서장의 면담 스타일에 따라 면담 대상이 된 노동자가 느끼는 압박감은 실로 엄청나다. 노동조합의 조력이나 법률가의 도움을 받지 못하는 노동자는 고립무원의 단독자와 같은 심정일 것이다. 그래서 자포자기의 심정으로 혹은 자존심 때문에 사직서를 제출하고 만다. 그 뒤에 펼쳐지는 냉혹한 자영업의 세계는 호락호락하지 않다. "회사가 정글이라면, 밖은 지옥이다."

2019년 현재 앞으로 한국 경제가 맞이해야 할 운명이 어떤 것이 될지 가늠하기 어렵지만 일개 노동자로서 현 시점에서의 최고 전략은 어쩌면 좀 더 오랜 기간 월급 받는 삶을 연장하는 것일지도 모른다.

절대 사표 내지 말 것

권고사직 앞에서 우리는 어떻게 해야 하는가? 변호사로서 해 줄 수 있는 가장 단순하고 강력한 조언은 '절대 사직서를 제출 하지 마라'는 것이다. 회사의 어떤 권유도 단호하게 거절해야 한다. 사직서는 회사가 원하는 대로 노동자가 자발적으로 사 직했다는 사실을 입증해 주는 가장 강력한 증거가 되기 때문 이다.

이 단순한 조언에도 불구하고 구조 조정의 폭풍이 몰아치 는 사무실 현장은 어떤가? 면담 대상자로 선별되어 부서장 방 에 끌려가면, 스스로 위축되어 사직서에 도장 찍을 것을 강요 당하는 것이 현실이다. 바로 그 순간, 절대 사직서에 도장을 찍 으면 안 된다는 점을 되새기자. 나중에 '강압적인 분위기에서 자신의 의사에 반하여 사직의 의사 표시를 했다'고 해도 일단 사직서에 도장을 찍은 일을 뒤집기는 매우 어렵다. 차라리 회 사에 의해 해고를 당하라. 이유는 간단하다. 사직은 노동자가 스스로 퇴직하는 것이므로 법적으로 다툴 여지가 없지만, 해 고의 경우 〈근로기준법〉 등에 따라 그 요건이 제한되어 있으 므로 부당 해고임을 주장할 수 있다.

사표 내지 말고 해고를 당하자. 해고된 노동자는 집으로 돌아가자. 가사를 돌보고 아이와 놀아 주자. 그리고 법원을 통해 해고 무효 확인의 소를 회사를 상대로 제기하는 것이다. 1심 판결이 나오기까지 짧게는 6~8개월, 길면 1년이 넘게 걸릴 수 있다. 승소를 확신하는 노동자는 취미 생활을 할 수 있고 여전히 집안일을 할 수도 있다. 패소가 걱정된다면 단기 근로를 하면서 이직을 준비해 보자(소송 중 근로를 통해 얻은 경제적 이익은 승소 후 공제하면 그만이다). 승소 판결을 받게 되면 원직으로 복직되고 실직 기간 미지급된 임금을 한꺼번에 받을 수 있다. 패소하면 어떤가? 미지급 임금을 받지 못할 뿐이다. 잃을 게 무엇인가. 사실 노동자가 사표를 내지 않으면 회사가 해고를 쉽게할 수 있는 경우는 흔하지 않다(이 점은 뒤에 자세히 살펴보자).

그렇다 하더라도 작업장에서 권고사직을 당한 경우 노동자가 이를 거부하기도 쉽지 않을뿐더러 해고를 당했을 경우 소송으로 다투는 것은 매우 어렵다. 그런데 다시 한 번 생각해 보자. 스스로의 의지에 의해서가 아니라 회사에 의해 강제로 근로 계약이 해지되고, 홀로 밖에 내던져지는 상황에 처하게 된 지금, 무엇이 두려운가?

나는 외국계와 국내 대기업에서 수년간 일한 전력이 있다. 당시를 떠올려 보면 노동자 입장에서 회사 생활의 토대가 '근로 계약'으로 구성된다는 사실을 까맣게 잊고 있었던 것 같다. 한 번은 이직을 위해, 다른 한 번은 진학을 위해 회사에 자발적으로 사직서를 제출했지만, 제출 순간 상사와 동료에 대한 미안함이 앞섰고 조직에 대한 배신행위가 없다는 것을 설명하기 급급했다(도대체 배신할 게 또 무언가). 본인의 퇴사보다 조직원의 처지를 먼저 고민했다. 다른 한편 그것은 자신의 체면 문제이기도 했다. 당시 회사는 나에게 유사 가족이었기 때문이다.

그러나 지금의 한국 회사의 현실은 어떤가? 아무도 노동자를 보호해 주지 않는다. 우리는 모두 단독자다. 여전히 회사는 사용자와 노동자의 근로관계로 구성되어 있을 뿐이고 계약은 해지하면 그만이다. 조직은 노동자 그 누구도 기억해 주지 않는다. 퇴사자만이 조직을 잊지 못할 뿐이다. 우리가 어느 누구의 눈치를 볼 필요가 있을까.

인사 팀과 상사들 역시 호락호락하지 않을 것이다. 그들은 권고사직의 위기에 처한 당신의 자존심에 가장 먼저 상처를 낼 것이다. 일단 권고사직의 대상이 되었다는 사실 자체가 조직에서 씻을 수 없는 수치로 다가온다. 이어서 현업 부서의 상사와 부서장, 인사 팀 담당자와 구조 조정 본부장과의 면담을 정신없이 진행해야 한다. 정신 차릴 틈이 없다. 바로 이때, 이 조언을 다시 기억하라. 절대 먼저 사표 내지 마라. 굴욕은 짧고 당신과 가족을 위한 퇴직금과 위로금, 나아가 승소했을 경우 받을 미지급 임금은 크다. 굳이 소송까지 가지 않더라도 버티면 버틸수록 회사로부터 받을 수 있는 인센티브가 더 커질 수도 있다.

그런데 그렇게 버티다가, 회사로부터 결국 해고를 당하는 경우는 오히려 행복한 경우다. 권고사직을 거부한 많은 노동자에게 그 뒤에는 무시무시한 '직장 내 괴롭힘'이 따르기 때문이다. 회사는 노동법 때문에 쉽게 노동자를 해고하지 못하는 경우가 오히려 더 많다. 그래서 어떻게든 노동자가 자발적으로 나가게 하는 수단으로써 직장 내 괴롭힘을 경영 전략으로 채택한다.

합법적 해고는 어렵다

법을 만족시키는 해고가 어려운 이유는 무엇 때문인가. 법률이 정해 놓은 합법적 해고는, 엄격한 요건을 요구하는 징계 해고와 정리 해고 두 가지 경우 외에는 없기 때문이다. 노동자의 잘못 혹은 사용자의 합리적인 이유(〈근로기준법〉상 '정당한 이유')가 있어야 해고할 수 있다. 권고사직은 해고도 아니며 법률에 근거한 것도 아니다.

쉽게 이야기하면 징계 해고는 노동자에게 귀책사유가 있는 해고다. 징계 해고가 정당하기 위해서는 회사가 취업 규칙상 징계 절차를 지키고 노동자의 잘못, 즉 귀책사유의 예로 상당 기간의 무단결근, 정당한 업무 명령 불이행, 업무를 지속할 수 없을 정도의 비위 행위 등, 절차적 내용적 요건을 모두 만족해야만 한다. 정리 해고의 요건은 매우 까다로운 법률 규정으로 명시되어 있다. 긴박한 경영상 필요가 있어야 하고, 해고 회피 노력을 사전에 해야 하며 해고 회피 방법과 해고 기준 등에 대해 근로자 대표 또는 노동조합과 성실하게 협의해야 하고, 합리적이고 공정한 기준에 따라 해고 대상자를 선정해야 한다(근로기준법 제24조).

어떤가. 회사가 왜 권고사직을 통해 노동자로 하여금 스스로 그만두게 하려는지 그 이유를 알 만하지 않은가? 징계 해고든 정리 해고든 그 절차와 내용이 엄격하고 요건을 만족시키기 쉽지 않다.

지난 박근혜 정부가 일반 해고를 도입하는 노동법 개정에 나섰던 이유도 여기에 있다. 국회의 개정안 입법 이전에 정부가 2015년 12월 30일 제시한 일반 해고 지침은 저(低)성과자를 해고하는 절차를 가이드라인 형식으로 만든 것인데, 쉽게 말해 '업무 성과가 낮은 자를 기준에 따라 쉽게 해고하겠다'는 의도가 담겨 있다(문재인 정부는 2017년 5월 손쉬운 일반 해고 지침을 폐지하는 방침을 세웠고 일반 해고 도입은 무산되었다).

다시 사례로 돌아와 보자. 권고사직을 거부한 노동자는 이후 마음 편히 회사 생활을 할 수 있을까? 그렇지 않다. 앞서 말한 해고보다 더한 다양한 직장 내 괴롭힘이 펼쳐질 가능성이 크다. 노동자에 대한 신체적·정신적 위해가 가해질 가능성이 있고, 인간관계에서의 소외와 무시가 왕따로 이어질 수도 있다. 뿐만 아니라 상사가 물리적으로 불가능한 과도한 업무상 요구를 할 수도 있으며 거꾸로 업무에서 완전히 배제시킬 수도 있다. 경우에 따라 사생활을 침해당하여 인격적인 모멸감을 느낄 수도 있다. 가히 지옥도가 펼쳐지는 것이다.

권고사직 후에 오는 것들, 특히 '직장 내 괴롭힘'을 살펴보기 전에 회사가 갖는 일반적인 문제를 이야기하고 싶다.

직장 내 괴롭힘의 양상은 한국 사회와 회사 조직의 문화적 배경에서 비롯되는데 이 문화들은 직접적인 괴롭힘의 요소들을 이미 품고 있다. 거칠게 얘기해서 직장 내 괴롭힘의 문화적 뿌리가 회사 인간 이외의 인간형을 허용하지 않는 우리 사회의 '독재'와 맞닿아 있다고 한다면, 지나친 비약일까?

젊은 검사의 자살

서울××지검 형사 2부 김모(33, 사법연수원 41기) 검사가 (2016년 5월) 19일 오전 서울 양천구 자택에서 숨진 채 발견됐다. 이날 시신을 수습한 서울 양천경찰서는 자필로 수첩에 쓴 2장 분량의 유서에 "업무 스트레스로 힘들다"는 등 일이 많아서 힘겹다는 내용이 반복해서 나왔다고 밝혔다. (…) 지난 해 4월 서울남부지검에 부임한 김 검사는 그해 지검에서 마련한 '신임 검사 부모님 초청 행사'에 어머니를 모시고 참여할 정도로 검사에 대한 자부심이 컸던 것으로 전해졌다. (…) 미제 사건이 쌓이고 상사의 업무 지시 등에 스트레스를 받아 주변에 힘겨움을 하소연해 왔던 것으로 전해졌다.

(2016. 5. 20. 동아일보)

삼가 고인의 명복을 빈다. 그가 나와 같이 2012년 변호사 자격을 취득해 사망 당시 5년차에 접어든 젊은 법률가였다는 점 때문에 더욱 안타까운 기분이 든다. 왜 김 검사는 목숨을 버리기 전에 검사직을 때려치울 생각을 하지 못했을까?

좋은 학부에 이른 사법 시험 합격, 군법무관 복무 후 검사 임용까지, 어머니를 모시고 꿈에 그리던 검찰청에 입성했던 김 검사. 그는 엘리트 코스를 밟고 있던 전도유망한 법률가였다. 그런데 불과 1년 남짓한 검사 생활의 끝을 자살로 마감할 수밖에 없었다. 남들이 보면 사소해 보이는 업무 스트레스 때문에.

고인의 명예에 누를 끼치는 것 같아 조심스럽지만, 그는 어쩌면 남들이 보는 자신의 지위와 체면을 깊이 내면화하고 있었기 때문에 자살이라는 끔찍한 결론을 내리기 직전에도 손에 쥔 것(검사직)을 결코 내던지지 못했던 것은 아니었을까? 자신이 가진 것을 던지지 못해 결국 그 자신을 파괴했던 내면의 풍경은 김 검사만의 문제라고 생각되지 않는다. 우리 사회에는 이미 무수히 많은 '김 검사'가 존재하기 때문이다. 업무 처리를 제대로 하지 못해 나약하게 검사를 사직하는 것을 부모님을 비롯하여 친척, 친구들에게 당당하게 설명할 수 없었을 것이다.

회사를 당장 때려치우면 되는데, 그렇게 하고 나면 자신이 너무 초라해진다. 한편으로 현재 부여된 과중한 업무는 자신의 역량으로 도저히 해결되지 않는 거대한 벽으로 느껴진다. 업무 스트레스와 이러지도 저러지도 못하는 답답함 속에 매일 밤 잠들 수도 없다. 뜬눈으로 밤을 지새우고 간 회사(검찰청)에는 거대한 기록 더미가 책상 위에 가득 쌓여 있고, 매일같이 피의자들이 검사실에 쳐들어와 힘겨운 사투를 벌여야만 한다. (보통 우리는 검사가 무소불위에 책임지지 않는 권력을 행사한다고 오해하지만, 대한민국 검사 가운데 스스로 권력자라고 생각하는 사람이 몇이나 될까. 밀린 업무를 허겁지겁 처리하는 그들의 일상은 회사원과 99퍼센트 일치한다.)

단 하나의 삶의 모델

김 검사의 고뇌는 많은 회사원의 가슴에도 다양한 형태로 존재한다. 오늘도 '이게 사는 건가'라고 물으며 출근하는 우리들 마음과 닿아 있다. 도대체 무엇 때문에 이렇게 죽음을 앞두고도 일을 그만두지 못하는 걸까?

우리는 어려서부터 오직 단 하나의 삶의 모델을 받아들일 수밖에 없었다. 20대에 대학을 나와 회사에 취직하고, 30대에 결혼을 해 아이를 낳고 주택 담보 대출을 받아 아파트를 장만하며, 40대에 자녀 교육에 힘쓰고, 허락된다면 조직에서 계속 일하다 50대에 은퇴하여 노후를 보내는 삶 말이다. 안정적인 직장을 스스로 버리는 것은 그렇게 주어진 삶의 궤도를 벗어나는 것이 된다. 저 삶을 관통하는 중심에는 안정적인 소득을 보장하는 회사 또는 회사 인간이 있기에 이를 벗어난 삶을 상상하기는 어렵다.

인간다운 삶을 위한 기본 소득이 보장되지 않고 사회적 안전망도 허술한 한국 사회는 회사·조직을 벗어난 순간 곧바로 루저(loser)로 전락하는 각자도생의 지옥이다. 학교 졸업 후 회사에 들어가는 선택지 이외에 생존을 도모할 수 있는 길은 없다. 어렵게 회사에 안착했더라도 어떤 부적응으로 회사를 나와야만 자신을 지킬 수 있는 저 많은 김 검사들은 자신의 체면 때문에 혹은 경제적 문제 때문에(이제 변호사조차 먹고살기 힘들다) 결코 자발적으로 사직서를 제출할 수 없다. 주위의 조언들은 온통 '조금만 더 버텨라' '다른 곳으로 가 봐도 다 똑같다'는 말뿐이다.

대학을 졸업하고 이제 막 회사에 들어간 사회 초년생들은 가끔 비슷한 감정에 집단적으로 빠지곤 한다. 내가 그렇게 들어가고 싶었던 회사에 이제 당당하게 출근하게 되었는데, 아침에 회사 문을 열고 들어가는 것이 마치 거대한 장벽의 감옥문을 스스로 여는 것과 같다는 느낌. 목줄에 걸린 사원증은 밖에서 보기엔 자부심의 상징이었지만 이젠 스스로 떼어 내지도 못할 만큼 부담스러운 것이 되었고 나의 노예 신분을 마치 개목걸이로 보증하는 것과 같은 느낌, 말이다.

사람을 키운다는 회사는 겉으로는 온갖 미사여구를 붙여 가며 '혁신·창조·창의·열정·도전' 등의 인재상을 이야기하지만 조직 내에서 필요한 단 하나의 직원상은 상사의 어떠한 갈굼과 보복에도 쾌활하고 협조적이며 생글생글 잘 웃는 얼굴들뿐이다. 그 문화적 독재에 저항하지 못하는 신입 사원은 입사후 1년이 지나면 얼굴에 웃음기가 가시게 되고, 시간이 갈수록 충성-샐러리맨의 세계에 자신을 구겨 넣고는 간절히 주말만을 기다리는 삶을 살게 된다. 그러다 가끔 '직장 사이코패스'인 상사라도 만나게 되면 우울증에 빠지게 되는 것은 시간문제다. 회사를 그만둘 수도 없고, 그만두지 않을 수도 없다.

회사를 두 번 때려치운 선배로서 이제 다시 조언한다. 조직·상사로부터 벗어날 수 없다는 기분이 몇 년간 계속된다면,

월요일 출근이 두려워 토요일 밤부터 우울감이 계속되어 수개월 동안 잠들 수 없다면, 당장 사표를 내자. 회사 따위 잠시 쉬어도 상관없다. 나의 젊음과 생명보다 더 중요한 것이 무엇일까?

종속을 약속한다

근로 계약을 체결한 사용자와 노동자는 기본적으로 사용·종속 관계이다. 법은 근로관계(근로자성)를 인정하기 위한 주요 개념으로 종속 노동성을 든다. 종속 노동성이란 사용자가 업무 내용을 정하고 업무 수행 과정에서 사용자의 상당한 지휘 감독권이 인정되며, 이에 노동자가 사용자로부터 근무 시간과 장소에 구속되는 것을 주된 내용으로 한다. 우리는 '종속된 계약자'인 것이다. 그러한 종속 계약 관계가 우리가 그토록 들어가고 싶어 했던 회사와의 근로 계약의 본질이다.

그렇다면 우리가 회사 때문에 건강을 잃고 육체적·정신적으로 피폐해지고, 심지어 생명에 위협이 되는 순간에는 바로 그 종속 계약 관계를 당장 해지할 수 있어야 한다. 노동자는 사용자와 달리 언제든지 서면이나 말로 사직 의사를 밝힐 수 있고, 사용자가 노동자로부터 해지의 통고를 받은 날로부터 1월이 경과하면 근로관계는 소멸한다(민법 제660조). 거꾸로 사용자는 징계 해고와 정리 해고의 엄격한 요건을 갖출 때에만 정당하게 계약을 해지, 즉 해고할 수 있다. 기억하자. 〈근로기준법〉을 비롯한 노동법은 노동자가 아니라 사회적 우위에 있는 사용자에게 일정한 제약을 가하고, 약자인 근로자를 위하여 존재하는 사회법이다. 근로 계약은 해지하면 그만이고, 노동자는 종속 계약으로부터 벗어난 인간으로서의 자유를 얻을 수 있다.

물론 그렇게 쉽게 회사와의 관계를 끊을 수는 없다. 가장으로서 가족을 부양할 책임이 있고, '흙수저'로 태어나 노동하지 않으면 먹지 못하는 동물의 몸을 갖고 있기 때문이다. 한때 월급 노동자였던 나 역시 그 도저한 한계를 알고 있다. 다만 그것과는 다른 차원의 문제로, 끊임없이 일어나는 내면의 퇴사 갈등에도 여전히 갈팡질팡하는 것은 우리가 추구하는 삶의 모델이 오직 회사와의 관계로만 구성되어 있기 때문임을 강조하고 싶다. 가히 회사 인간만이 우리 사회에서 인정되는 것이 진짜 현실이고, 우리는 회사 인간이라는 삶의 모델에 지배되고 있다.

이 인간형의 독재가 우리에게 어떤 다른 삶의 가능성을 상상하지 못하게 하고 결국 스스로를 파괴시킨다. 또한 획일적인 인간형은 다음과 같은 말로 은근히 강요된다. "도대체 그 좋은 회사 그만두고 뭐 할 건데?" "늦은 나이에 대학원은 왜 들어가니, 공부에는 때가 있는 법이다" "장사는 아무나 하나, 밖은 지옥이다" "3·6·9년차에는 다 그래, 조금만 더 버텨."

하지만 저 조언자를 포함한 우리 모두는 사실 당장 회사를 때려치우고 싶다(그리고 놀고 싶다!). 퇴사하지 못해 인생이 괴로운 자들이 좁은 사무실에 모여, 사소한 업무적 충돌로도 서로를 지옥으로 몰고 간다. 평등한 관계보다 상하 관계가 더 자연스러운 회사에서 상사의 한마디는 신의 말씀과도 같다. 부하는 어떠한 지시도 거부할 수 없고, 내 인생에 대한 통제권은 나에게서 완전히 멀어진 것만 같다. 저 갈굼과 핍박은 회사에 있는 한 내가 영원히 견뎌야 할 형벌이 된다.

폭언과 갈굼의 리더십

사무실에서 발생하는 직장 내 괴롭힘은 그것을 당하는 피해자 자신도 모르게 찾아온다. 프랑스 정신과 의사 마리 프랑스 이리고양Marie-France Hirigoyen은 이를 '도착적 폭력'이라고 이름 붙였다.● 그 폭력이 도착적인 것은 피해자들조차 회사 생활에서 일어나는 폭력의 과정에 무관심할 뿐만 아니라 자신이 희생자라는 사실조차 제대로 인식하지 못하기 때문이다('회사는 다 그래'). 거꾸로 가해자들 역시 자신이 폭력을 행사한다는 생각을 하지 못한다('갈구면서 후배들이 크는 거지').

회사 밖을 생각하기 어려운 한국적 특수성은 가해자의 폭력을 점증시키거나, 피해자가 끝없이 폭력을 견디게끔 상황을 전도시킨다. 회사 인간이 또 다른 회사 인간에게 가하는 가학·피학의 연결 고리가 도착적 폭력으로 귀결되는 것이다. 그러한 직장 내 괴롭힘이 기업의 경영 전략과 결합하게 되면 권고사직 뒤의 조직적인 폭력으로 발전하게 된다. 우리는 이 굴레를 어떻게 벗어날 수 있을까?

한국에서 고통 없는 회사 생활이 가능할까? 회사 생활의 고통은 매우 불평등한 것이어서 정확히 직급에 따라 분담되고 정해진다. 사원과 부장이 조직을 경험하고 느끼는 방식은 완

● 『보이지 않는 도착적 폭력』(마리 프랑스 이리고양 지음, 북프렌즈, 2006)

전히 다른 것이기 때문이다. 현재 한국의 일반적인 회사 조직은 오직 부장 이상의 직급에게 최적화되어 있고 그 이하 직급에게는 고통을 강요하고 있다.

부장은 회사가 자신의 몸에 꼭 맞는 맞춤 정장과 같다. 그들이 하는 일은 낮엔 빨간 펜을 들고 부하들이 들고 오는 기안문을 수정해 주고 밤엔 그들을 데리고 술집에 가는 것뿐이다. 불가능한 데드라인을 지키지 못한 부하를 상대로 조직에서 키운다는 명목으로 폭언과 강제 음주가 횡행하지만 이는 갈굼의 리더십으로 정당화된다. 인생에 어떤 어려움이 있겠는가. 승진 탈락과 몇 년 전에 선 '줄'의 안위만이 걱정될 뿐이다.

간신히 버티고 있는 사원·대리·과장이야말로 회사 조직의 밑바닥 인생이다. 그들에게 〈근로기준법〉이 중요한가? 천만의 말씀이다. 밑바닥 인생에게 대통령이 바뀌는 정권 교체보다 훨씬 중요한 것은 이듬해 상사의 인사이동 결과다. 지켜지지도 않을 대선 공약보다 나의 일상을 180도 변화시킬 상사의 캐릭터가 백배 더 중요하다. 화이트칼라와 파워 엘리트를 연구한 저명한 미국의 사회학자, 찰스 라이트 밀스Charles Wright Mills가 말한 '새로운 작은 사람new little man'을 거부할 길이 있을까? 어느 조직에서건 3년만 밑바닥에서 구르면

순한 양이 되기 마련이다.

점심시간에 만나는 여의도·종로·강남 길거리의 회사원들 얼굴은 그럭저럭 봐 줄 만하다(점심시간이니까!). 그러나 사무실을 좀 더 자세히 들여다보면 그들의 일상이 긴장으로 가득 차 있고 시시때때로 폭력이 난무하다는 사실을 확인할 수 있다.

상사가 주는 모멸감

자살한 김 검사는 상사인 부장 검사와의 관계에서 비롯된 고충을 주변에 지속적으로 호소했던 것으로 밝혀졌다. 김 검사는 "부장 검사에게 매일 욕을 먹으니 한 번씩 자살 충동이 든다. 술자리에서 내내 닦였다"거나 "(부장 검사에게) 욕을 먹으면서도 웃으면서 버텼는데 (내가) 당당하다고 심하게 욕설을 했다. 너무 힘들고 죽고 싶다"고 메시지를 전했다고 한다. 그는 어머니에게 전화해 펑펑 울다가도 '괜찮다. 이겨 내겠다'고 말하고 나서 며칠 후 비극적으로 자살했다.

그가 받았을 모멸감은 무엇이었을까? 그 구체적인 질감을 가늠할 수 없지만 나 역시 5년의 회사 생활 동안 비슷한 감정을 여러 차례 느꼈다. 회사와 회사를 몸으로 구현한 상사는 부하 직원에게 한없이 냉혹할 수 있다. 부하 직원의 직급이 낮을 필요도 없다. 경우에 따라 임원조차 조직으로부터 가혹한 괴롭힘을 당하기도 한다.

> (…) 합병된 3사 가운데 규모가 가장 작은 파워콤 출신인 그는 입지가 좁았고, '회사 내 주류'인 텔레콤 출신이 직속 상사인 본부장으로 부임하면서 그런 현상은 더 강화됐다. 새 본부장은 이 씨를 배제한 채 부하 팀장들에게 직접 업무 지시를 하기도 했다. 견제에는 시기와 질투도 따랐다. (…) 눈에 띄게 말수가 줄어든 그는 팀장들에게 '스트레스를 받을 때는 어떻게 하느냐'고 묻고 '그동안 회사와 집만 다니고 취미나 다른 일이 20년간 없었다'고 털어놓기도 했다. 평소와 달리 아내에게 '힘들다. 안아 달라'고도 했던 그는 2012년 8월 10일 처남에게 "우리 아이들과 처를 잘 부탁한다"는 문자 메시지를 보낸 뒤 이른 아침 아파트 옥상에서 투신했다.
>
> (2015. 9. 6. 한겨레)

겉으로는 더없이 잘나가는 듯 보였지만 실제 그의 생활은 전혀 그렇지 못했던 것 같다. 끝없는 실적 압박과 회사 내 파벌

싸움에서 오는 시기, 질투에 괴로워했지만 그에게 손을 내미는 이는 없었다. 부인과 두 자녀를 둔 가장이자 회사 내 최연소 임원으로 승진한 성공한 마흔여섯 살 가장은 결국 "군중 속의 고독을 느낀다"는 말을 남기고 스스로 목숨을 끊었다. 법원은 그의 업무상 재해를 인정했다.

김 검사와 대기업 임원의 자살에는 직속 상사의 폭언과 따돌림이 각각 자살의 중요한 요인으로 작용했다. 폭언과 따돌림은 직장 내 괴롭힘의 대표적인 심리적·정신적 괴롭힘의 행위 유형이다. 피해자를 정서적으로 학대하는 데 그치지 않고, 피해자의 사생활을 공격하거나 직장 조직에서 배제하고 추방하기까지 한다.

엄격히 구분되는 것은 아니지만 화이트칼라 직군에서 심리적·정신적 괴롭힘이 주된 유형이라면, 블루칼라 작업장에서는 신체적·물리적 괴롭힘 사례가 더 많다. 제조업 공장에서 노동자에게 행해진 군대식 노무 관리와 얼차려 폭력은 1980~90년대 노동조합이 등장하기 전까지는 매우 일상적인 것이었다.

화이트칼라의 직장 내 괴롭힘은 공개적이거나 은밀하게 진행되는데 통상적으론 두 유형이 동시에 진행되는 경우가 많다.[*] 처음엔 피해자가 은밀하게 작업장 내에서 동료 집단으로부터 고립되다가(대화나 인사하지 않기, 정보 전하지 않기), 그를 대상으로 언어적 위협 등의 괴롭힘이 진행되고, 결국 공개적으로 망신 주기에 이르기도 한다.

그것은 괴롭힘이다

직장 내 괴롭힘의 내용에 따른 유형은 크게 세 가지로 분류할 수 있다. ① 조직적·환경적 괴롭힘 ② 업무 관련 괴롭힘 ③ 대인 간 괴롭힘.

　　조직적·환경적 괴롭힘은 업무 관련 괴롭힘과 관련 있으며, 억압적인 노동 관리, 상사의 권위적이고 폭력적인 리더십, 사생활 침해, 권고사직 뒤의 경영 전략으로서 구조적인 괴롭힘 등의 형태로 드러난다.

　　업무 관련 괴롭힘은 과중한 업무 압력·매출 압박·비합리적 데드라인·과도한 업무 감시·의견과 견해 무시하기·반대로

● 직장 내 괴롭힘의 유형과 사례는 『일터 괴롭힘, 사냥감이 된 사람들』(코난북스, 2016) 3장을 참고했다.

의미 없는 과제를 부여하거나 일을 전혀 주지 않기·본 업무를 박탈하고 주변적인 업무를 지시하기 등이 대표적인 유형이다. 마지막으로 대인 간 괴롭힘은 파괴적이고 공격적인 리더십의 폭군형 상사와 결합되어 모욕적인 언사로 연결된 경우를 들 수 있다.

어떤가? 평소에는 우리가 당연하게 여겼던 상사와 동료의 행위가 괴롭힘으로 분류될 수 있지 않은가? 회사에서의 비인간적 행위를 재확인하고 그것을 직장 내 괴롭힘이라고 말할 수 있어야 한다. 그것이 시작이다. 그럼에도 피해자 개인의 대응은 미약할 수밖에 없다. 어디에서 출발할 것인가?

회사 밖의 도움

회사는 지극히 폐쇄적인 동시에 안정 지향적인 곳이다. 직장 내 괴롭힘이 회사의 공식적인 의사 결정 과정에 따라 해소되기 어려운 이유는 바로 그 때문이다. 인사 부서에 진정을 하거나 상사의 상사에게 괴로움을 호소하더라도 피해자가 구제받기는 매우 어렵다. 구조적인 문제는 언제나 개인적 갈등으로 치환되고 이는 폐쇄적인 회사 조직(특히 인사 부서)의 기본적인 문제 해결 전략이기도 하다.

사소한 듯 보이는 개인적 문제를 공동체의 문제로, 사회적 문제로 확대시켜야 한다. 그렇지 않으면 가해자인 상사와 그를 편드는 인사 담당자가 피해자의 근무 태도와 성격적 특이성을 부각시키고 문제를 조용히 덮어 버리거나 심지어 피해자를 전보 배치하는 경우가 발생하기 때문이다. 이를 방지하기 위해서는 개인 간의 다툼이 아닌 조직적 차원으로 문제를 확대시키는 것이 빠르면 빠를수록 좋다. 정치의 영역에서 학자들이 약자에게 갈등의 구경꾼인 참여자들을 조직하라는 조언은 회사 안에서도 유효하다. 회사야말로 가장 정치적인 곳 아닌가. 내가 직장 내 괴롭힘을 당하고 있다는 징후가 조금이라도 보일 때 광장으로 나가야 한다.

그곳은 회사 상사들이 마련한 사내 상담(정신 건강 센터)이 아니라 더 많은 '우리들'이 모여 함께 문제를 해결하는 곳이다. 심리 상담을 통한 개인적 구제를 넘어 가해자 처벌과 괴롭힘 방지 대책을 세우는 조직의 대응이 회사를 조금이나마 더 나은 곳으로 바꿀 수 있다(뒤에 법제도적인 방지 대책을 소개한다).

때때로 구조 조정, 권고사직의 광풍이 몰아친다. 권고사직

권유 행위 자체가 이미 회사의 집단 괴롭힘 행위라고 할 수도 있을 정도로 회사는 조직적이고 치밀하게 대상자를 '자발적으로 퇴사시키기' 위해 전략적으로 접근한다.

다음은 수년 전 대규모 권고사직을 통해 명예퇴직을 단행한 대기업 노동자의 생생한 육성이다.

> 명퇴를 권유할 때 ○○(회사 이름)의 모습은 살아 있는 지옥의 모습(입니다). 이번에 2주 정도 (사직 면담을) 했거든요. 매일 1시간에서 2시간씩 면담을 합니다. 나는 그대로인데 면담자는 계속 바뀌지요. 지사장, 팀장, 지부장…. 노사협력팀에서도 나오고. 로테이션으로 계속합니다. 나는 안 바뀌는데 상대는 계속 바뀌어요. 그걸 2주를 합니다. 그들은 특별하게 트레이닝 받은 사람이에요. 심리적으로 법적으로나.[03]

어느 누가 이 면담 지옥을 견딜 수 있을까? 용케 그 압박을 견디고 사직 권유를 거부했다고 하더라도 그 뒤를 잇는 것은 조직적인 괴롭힘이다. 사실 대상자로 선정된 순간 자신을 온전하게 지키는 가장 손쉬운 방법은 회사가 제시하는 일부 보상금을 받고 사직서를 제출하는 것일지도 모른다. 이직 가능한 나이 대의 능력 있는 노동자라면 그렇게 할 수도 있다.

교묘하게 사직서를 요구한다면

그렇지 못한 노동자가 압박감을 순간 견디지 못하고 사직서를 제출했다고 하자. 그 뒤에 바로 후회가 밀려와 사직서 제출을 철회할 수 있을까?

우선 사용자가 사직(퇴직)을 권유하는 데 그치지 않고 기망 내지 강박 행위로 노동자가 '사직의 의사 없이' 사직서를 제출한 경우에는 실질적인 해고에 해당할 수 있다. 근로자가 외견상 자발적으로 사직서를 제출했다고 해도, 그것을 독촉한 회사의 책임을 물을 수 있는 부당해고, 사실상의 해고에 해당할 수 있는 것이다. 이 경우 사직서 제출 철회를 논하기에 앞서, 해고가 정당한 것인지 소송으로 다툴 수 있다(근로기준법 제23조). 다만 실무에서는 노동자가 어쩔 수 없이 사직서를 제출한 경위를 자신이 입증해야 하는 문제가 발생한다. 실제로 사용자는 매우 교묘하게 사직서 제출을 요구하기 때문에 사용자의 기망 및 강박 행위를 노동자가 입증하기란 매우 어렵다(6장에서 사직에 대한 법률문제를 상세히 소개한다).

노동자의 사직서 제출은 일방적인 의사 표시로서 사용자의 승낙을 요구하는 것이 아니다. 노동자의 사직 의사 표시가 사용자에게 도달하면 일반적으로 철회가 불가능하다. 그 동기와 경위를 불문하고 사용자의 집요한 권유에 사직서를 제출한다면 이는 해고가 아닌 자발적 사직에 해당하게 된다. 대부분 법적으로 이 문제를 더 다툴 수 없게 된다. 예외 사례로는 노동자들이 회사의 정책에 따라 집단적으로 사직서를 제출한 뒤 사용자가 선별적으로 사직서를 수리하는 경우이다. 이런 행위를 놓고는 사직서 제출 행위가 사직의 의사 표시로 해석하기 어렵다는 판례가 존재한다.

물론 노동자가 사직서를 제출하는 순간, 이를 소송으로 다퉈서 승소하기는 매우 어렵다. 또 이론과 달리 현실에서 회사에서 권고사직 대상으로 선정된 사람은 조용히 짐 싸 들고 나갈 준비를 해야 할 것이다. 그러나 이때 잃을 게 없는 노동자라면, 부양해야 할 가족을 생각해 좀 더 긴 싸움(소송)을 준비해보자. 권고사직 거부 후 회사로부터 지속적으로 괴롭힘을 당할 때 괴롭힘 행위에 대한 손해 배상 청구를 위해선 어떻게 해야 하는가? 무엇보다 조용히 증거를 수집해야 한다.

폭언은 녹음할 것 *

먼저 피해자는 가해자의 가해 행위를 낱낱이 기록해야 한다. 가해 행위는 일자·시간·날씨·가해자가 입었던 옷 등 당시의 일을 모두 기록할 수 있어야 하고, 가해자가 모욕적인 언사를 했을 경우 구체적으로 그 말을 기록해 둘 필요도 있다.

추후 법정에서 제3자의 증언이 필요할 때, 증인에게 단순히 '가해자가 모욕적인 말을 피해자에게 했습니까'라고 묻기보다 '그날 피해자에게 밥값도 못 하면서 밥 먹는다는 취지의 말을 했나요'라고 구체적으로 물을 경우에 유리한 증언을 끌어낼 수 있다.

피해자는 가해자의 모욕적 언사나 폭언을 기록하기에 앞서 그 말을 적극적으로 녹음할 필요도 있다. 피해자의 기록은 때에 따라 소송에서 증명력 *이 낮을 수 있다. 기록 자체는 엄연히 주관적인 것이기 때문이다. 그러나 괴롭힘 현장을 고스란히 담은 녹음 파일은 그 전후 맥락과 상황을 객관적으로 드러

● 『일터 괴롭힘, 사냥감이 된 사람들』 '보론'을 참고했다.

● 쉽게 말해 어떤 사실을 입증하는 정도나 쓰임새를 말하는데, 소송 실무에서 '증거 가치'와 같은 말로 쓰인다.

내기 때문에 기록보다 높은 증명력을 갖는 경우가 많다.

보통 상대방과의 대화를 몰래 녹음하는 것을 모두 위법하다고 오해하는 경우가 있는데 항상 그런 것은 아니다. 현행 〈통신 비밀 보호법〉은 대화자(가해자·피해자) 사이의 녹음은 허용하지만, 제3자의 내용을 몰래 녹음하는 경우에는 처벌하고 있다. 따라서 피해자가 가해자의 폭언을 녹음하는 것은 위법 행위가 아니다. 이러한 녹음 행위와 함께 피해자는 가해 행위의 입증을 위하여 회사 내 문서·이메일·문자 메시지·사진 등 객관적 증거를 치밀하게 확보해야 한다.

이 증거 수집을 통해 피해자가 회사와 가해자를 상대로 직장 내 괴롭힘을 불법 행위로 하는 손해 배상 청구 소송을 진행하는 것은 현실적인 대안이지만 지극히 개인적인 문제 해결 방법이다. 소송에서 승소하더라도 피해자인 노동자가 얻을 수 있는 경제적인 이익이 얼마나 될지도 가늠하기 어렵다(실무에 축적된 사례가 많지 않다). 또한 회사에 적籍을 두고 있든 그렇지 않든 소송을 진행하면서 노동자가 받을 정신적 고통은 매우 클 수밖에 없다.

개인적 해결을 넘어

조직 내에서의 괴롭힘 행위를 제도적으로 방지하고 구조적으로 예방할 방법은 무엇이 있을까? 국회를 통해 직장 내 괴롭힘을 보다 상세하게 규정하고 이를 처벌하는 특별법을 제정할 수 있다. 이미 프랑스는 2002년 노동법과 형법에서 '정신적 괴롭힘'을 규율하고 처벌하고 있으며 캐나다 일부 주에서도 2004년 노동기준법을 개정하여 관련 규정을 정비하여 시행하고 있다.

그 자체로 직장 내 괴롭힘의 주요한 유형인 성희롱에 대한 개념은 우리 사회에서 1990년대에 들어서야 공론화되었고 현재 〈남녀 고용 평등과 일·가정 양립 지원에 관한 법률〉(이하〈남녀고용평등법〉)이라는 아름다운 이름의 법률 안에 성희롱 금지를 담은 조문들을 갖고 있다.

사업주, 상급자 또는 근로자는 직장 내 성희롱을 하여서는 아니 된다.

〈남녀고용평등법〉 제12조 직장 내 성희롱의 금지

노동자들이 의무적으로 연 1회 비디오 예방 교육을 수강하거나 전문 강사의 교육을 받는 것은 바로 이 법률에 따른 것이다. 직장 내 괴롭힘에 대해서도 이를 막는 구체적인 사례를 방지하는 조항을 만들고 이를 처벌하는 내용을 법률로 만들 수 있다면 미흡하지만 성희롱을 방지하는 〈남녀 고용 평등법〉 만큼의 역할을 기대할 수 있다.

처벌 조항이 없고 세부적인 괴롭힘 형태의 정의가 미진하지만 국회는 2018년 12월 '직장 내 괴롭힘 방지' 조항을 반영하여 〈근로기준법〉 등을 일부 개정하였다.• 법률의 시행만으로 일상의 모든 문제가 일거에 해결되는 것은 아니다. 앞으로 우리 사회에서 어떤 직장 내 괴롭힘이 문제 되는지 또 그 정확한 정의를 어떻게 내릴 수 있으며, 이를 해결하기 위해 우리가 무엇을 해야 하는지 등에 대해 토론하는 과정이 활발하게 이뤄진다면 회사라는 작업장 공간이 좀 더 인간적인 곳으로 변모할 수도 있다.

언젠가부터 회사는 우리에게 조직을 유사 가족으로 받아

• 근로기준법 제76조의2(직장 내 괴롭힘의 금지) 사용자 또는 근로자는 직장에서의 지위 또는 관계 등의 우위를 이용하여 업무상 적정범위를 넘어 다른 근로자에게 신체적·정신적 고통을 주거나 근무환경을 악화시키는 행위(이하 "직장 내 괴롭힘"이라 한다)를 하여서는 아니 된다.

들이라고 설득해 왔다. 힘없는 종속 노동자인 우리는 신입 사원 당시부터 회사가 주입하는 모든 이데올로기를 철저하게 내면화하면서(속으론 비웃을지라도) 충성해 왔다. 충성의 기간이 늘어나도 보장받는 미래는 불확실했으며 우리는 경쟁적으로 일에 매달릴 수밖에 없었다.

그런 일상을 보냈음에도 전장에서 장렬히 패배한 기업들은 장수와 병 들을 헌신짝처럼 버리고 있다(거대한 구조조정 속 조선·해운업, 폐쇄된 자동차 사업장의 근로자들을 보라). 2019년 자본주의 한국을 살아가는 우리 역시 이 냉혹한 현실을 아프지만 받아들여야 할 것이다. 다만 조직이 우리에게 달콤하게 주입했던 '가족처럼 일하자'는 설득은 이제 명백한 거짓말임을 확인하자. 우리가 사용자와 체결한 근로관계는 본질적으로 계약임을 인식하고 계약에 따른 책임을 상호 간에 요구하자.

우리들의 그 뒤늦은 확인들이, 앞으로 시장에서 더 많이 실패할 회사 안에서 일방적으로 희생당하고 인간적으로 배신당하는 것을 아주 조금이라도 막아 줄 수 있지 않을까. 망해 갈 회사들은 권고사직의 꼼수를 부려 노동자들을 인격적으로 파괴하지 말고 법률이 정한 절차에 따라 공정하게 정리 해고를 진행하면 될 일이다. 우리는 처음부터 같은 가족이 아니었으니까.

| 3장 |

일을 거부해도 될까

신입 사원의 마음

우리가 지금 불만족스러운 회사에 다니는 것은 당연하게도 과거 어느 시점에 내가 회사를 선택했기 때문이다. 어느 정도 조직 생활을 한 많은 이들이 이제 회사를 그만두고 싶어 할 수도 있겠지만, 과거를 돌이켜 보면 입사가 결정된 무렵에는 무척이나 기뻐했던 기억도 있을 것이다. 다른 선택지와 비교해 볼 때 졸업 후 거친 세상에 입사를 선택하는 것은 우리 대부분에게 안온한 선택이었다. 입시를 치르고 나서 주어지는 잠깐 동안의 대학 생활은 진짜 원하는 것을 찾기엔 모두에게 너무도 짧았다. 입학 후 느슨한 생활을 하다가 3학년이 되면 겨우 토익 점수를 따고 4학년 1학기부터 본격 취업 준비생이 되는 패턴은 대부분의 회사원들이 공유하는 대학 생활이다. 그러나 안온한 선택으로 취업에 성공했다고 하여 회사 생활이 고요한 일상을 보장해 주지는 않는다는 것쯤은 입사 후 곧장 깨닫게 된다.

회사는 '부모님이 시켜서, 딱히 다른 할 일이 없어서, 학자금 대출을 갚고 돈을 벌어야 해서' 취직한 사원과 '내가 진정 일하고 싶어서' 취직한 사원을 질적으로 구분할 수도 없다. 이제 갓 입사한 자원이 실제 성과를 내는가를 기준으로 냉정하게 평가하고 그에 따라 회사는 자신의 일을 할 뿐이다. 회사원들은 학교에서 중간고사와 기말고사를 보지 않아도 되는 삶, 시험 성적과 학점에서 벗어난 인생을 사는 것이 아니라 분기나 반기별로 중간 평가를 받고 매년 말 종합 인사 평가를 받는, 그래서 더 촘촘해진 점수 체계를 받아들여야만 한다.

회사의 평가가 학교보다 더 냉혹한 것은 그 결과와 평가받는 자의 생존이 직접 연결되기 때문이며, 한때나마 우리가 입사 원서를 내며 회사에 대한 짝사랑을 먼저 했던 을의 위치가 회사 인생이 끝날 때까지 계속되기 때문이다. 회사 안에서의 삶이란 평가받는 인생이기도 하다. 그 평가가 이중적인 것은 회사에 대한 최초의 선택은 짝사랑이었지만 평가가 누적됨에 따라 반드시 차례차례 사랑을 배신당해야만 하는 구조가 맞물려 돌아가기 때문이다. 이제 회사원 신분 인생에서 우리는 중간 평가와 피드백, 매년 돌아오는 정기 인사 평정을 벗어나기 어렵다. 회사에 입사하는 순간 더 빠르게 돌아가는 평가의 컨베이어 벨트에 올라타 퇴사하기 전까지는 그 벨트를 내려올 수 없다.

피라미드 관료제

회사의 인사 평가는 인적 자원 관리의 일환으로 두 가지 차원에서 작동한다. 우선 조직적 차원에서 효율적인 비용으로 높은 성과를 달성하기 위한 수단이다. 또 그 결과는 근로자 개인에 대한 보상과 차별을 위한 근거가 된다. 실상 팀이나 본부와 같은 임원 직책에 결부되는 인사 평가가 조직의 성과 평가를 대체한다. 조직인 회사와 개인인 근로자 입장에서 결국 중요하게 남는 것은 개개인의 평가 결과라고 할 수 있다.

보통 인사 평가 등급은 S·A·B·C·D 등급으로 나뉘어져 있고, 철저하게 상대 평가가 적용되어 단위 조직 내에서 근로자 개인의 순위에 따라 등급이 매겨진다. 회사 안에서 각 본부와 팀 간의 평가 등급은 항상 같은 비율로 구성되는데 최고 등급인 S등급은 상위 5~10퍼센트의 직원에게만 부여되고 그 다음 10~20퍼센트 정도에게 A등급이 매겨지는 철칙이 작용한다. 거의 절반 정도의 많은 이들이 B등급을 받고 안도의 한숨을 쉬게 된다. 한편 C등급 혹은 D등급의 저低성과자 역시 매 평가마다 팀이나 본부 중 일부는 반드시 숨어져, C등급의 경우 10~20퍼센트, D등급은 보통 10퍼센트의 비율로 부여되는 것이 일반적인 법칙이다. 바로 C등급 이하의 피평가자를 우리는 저성과자라고 이름 붙인다. 이 저성과자들은 조직에서 형벌과 같은 평가 등급을 받는 것에서 나아가 특정 시점에서 권고사직의 1차 대상이 되기도 하는데 그 낙인 효과와 법률문제에 대해서는 다음에 자세히 살펴보기로 한다.

회사가 외견상 가혹하게 보이는 인사 평가를 지속하는 것은 한정된 직위 자원을 배분하기 위해 진급 승진 대상자를 불가피하게 구분해야 하기 때문이다. 회사가 비인간적이어서가 아니라, 자본 시장에 노출된 법인이 인건비(일반 경상 관리비)를 최소화하여 이윤을 확대하고 누적해야 하는 구조적인 환경에 노출되어 있는 것이다. 회사가 회사원을 바라보는 관점에는 바로 그 구조적 환경에서의 여건이 고려되어야 하고, 근로자 역시 회사의 구조를 알아야만 나중에 권고사직을 권유받을 때에도 자기 처지를 객관적으로 이해할 수 있다.

비정한 자본 시장에서 회사 조직이 유지하려고 하는 이상적인 형태는 무엇인가? 그것은 우리가 흔히 말하는 피라미드 조직, 부하 직원이 많고 상급자가 적은 하후상박下厚上薄의 형태다. 매년 동일한 수의 근로자가 입사한다고 가정할 때 일정한 수의 근로자가 매년 조직을 이탈해야만 그 형태는 유지될 수 있다. 그래서 사용자는 사원들이 어느 정도 근무한 후에는 알아서 회사를 떠나 주기를 바라게 된다.

'퇴사의 시점을 안다'는 것은 사용자나 근로자에게 매우 은밀한 커뮤니케이션 방식을 수반하게 마련인데 그중 가장 직접적이고 효율적인 수단이 바로 인사 평가 결과이다. 회사 입장에서는 근로자의 이상적인 퇴사 시점을 일률적으로 정하기는 어렵지만 연봉 수준보다 생산성이 현저히 떨어지는 시점을 생각해 볼 수 있다. 실제 받는 연봉보다 생산성 수준이 떨어지기 시작하는 과장 직급부터 부장 직급에 이르는 근로자들은 회사가 내보내고 싶기 마련이다. 경영상 위기에 빠진 회사가 수시로 단행하는 희망퇴직*이 보통 근속 년수 10년 이상을 조건으로 하는 것을 보면 회사의 조직적 계산과 욕망이 연봉·생산성의 비율 아래 반영되고 있다는 점이 드러난다.

이처럼 회사의 관료제란, 물리적으로 지시하는 자보다 지시받는 자의 수가 더 많은 것을 핵심으로 한다. 이 조건에서 언제까지고 현업에서 일상적 업무를 유지할 수는 없고 적정한 시점이 되면 파트장·팀장·본부장 등 보직의 직책을 맡는 관리자가 되지 않으면 자의든 타의든 회사를 떠나야만 하는 '어떤 자연스러운 시점'이 도래한다.

인사 평가는 피라미드 조직이자 관료제 조직을 운용하는 데 없어서는 안 되는 핵심 운용 기제인 것이다. 조직의 이해와 욕망은 인사 평가라는 제도와 함께 근로자 개인을 컨베이어 벨트 위에 세우고, 회사원 개인이 원하든 원하지 않든 그 벨트 위에서 다른 생각을 할 겨를이 없도록 만든다. 만약 당신이 회사에 입사한 후 일과 관련되지 않은 부분에서 무언가 잘못되었음을 느낀다면 벨트의 속도나 벨트가 가리키는 방향을 어렴

● 본인의 의사에 따른 퇴직. 실제로는 법률상 정리 해고와 같은 효과를 보인다.

풋이 느끼고 있을 가능성이 크다. 회사의 풍경이란 사원과 대리, 과장과 부장이 아주 넓은 벨트 위에서 출발선을 약간 달리한 채 목적지를 향해 뛰는 장면이기 때문이다. 인사 평가 컨베이어 벨트의 방향과 속도를 아무나 조정하거나 바꿀 수 없는 것에 우리 회사 인간의 비극적 운명이 숨겨져 있다.

임원이 되고 싶은가

벨트 위에서의 삶을 입사 처음부터 비장하게 각오하고 경쟁적인 태도를 시종일관 유지하는 적극적인 근로자들이 일부 존재한다. 항상 남들보다 한 시간 이상 일찍 출근하여 눈에 띄는 자세로 컴퓨터를 노려보거나, 팀과 본부의 모든 회식과 상사가 급하게 호출하는 모든 식사에 필히 참석하고, 일을 실제 열심히 하는 것보다 '열심히 하는 것처럼 보이기 위한' 정치적 태도를 사계절 유지한다. 이들 적극적인 근로자들이 결국 수십 년 회사의 인사 평가를 뚫고 도달하는 자리가 바로 임원의 자리다.

벨트 위에서 처음에는 눈치를 보거나 쭈뼛거리던 소극적인 근로자들조차 대리 말년차쯤 되면 이내 적극적인 태도로 태세를 전환할 수밖에 없게 되는데 매년 누적되는 조직 내 상대 평가의 효과 때문이다. 능력과 성과에 따른 평가가 아니라 오직 등수를 매김으로써 줄 세우기를 하는 인사 평가의 힘은 다른 한편에서 그들을 순종적인 양으로 변모시킨다. 이 과정에서 회사가 강요하는 인간형, 즉 결국 임원 되기를 바라는 근로자라는 또 다른 단일 인간형이 창조된다.

인사 평가에서 C와 D를 받는 자들이 임원이 될 수 있는가? 회사는 "이제 회사를 나갈 때가 되었다" "회복은 불가능하다"라는 매우 강력한 시그널을 보낼 뿐이다. C·D를 받은 근로자들은 '가늘고 길게'라는 플랜B를 통해 별도의 생존 전략을 마련할 필요가 있다. 말하자면 회사원으로 살면서 임원 되기를 꿈꾸지 않는 제3의 회사 생활을 할 수 있는가? 그것은 명백히 형용 모순이다. 사원·대리는 말할 것도 없고 과장·부장은 모두 잠재적인 임원 후보자로서 조직 생활에 임해야 하며, (자기를 잘 감출 수 있다면) 적어도 겉으로는 임원 되기를 바라 마지않는 조직원인 척해야 한다. 그런 태도를 보여야만 그나마 평균적인 인사 평가 점수를 받을 수 있다. 자기 스스로가 실제로 임원 후보의 자리에 얼마나 가까이 있는가 하는 것은 전혀 다른 문제이다.

거칠게 요약하면 회사 생활을 하는 것은 임원 되기를 기다리는 것이고, 임원이 되는 것은 회사 인간의 어떤 완성이라고 할 수 있다. '미생'이 '완생'이 되는 것에서 임원 되기를 떼어 놓고 생각할 수 없다. 그렇게 도달한 임원이란 도대체 어떤 사람인가?

승진의 정점에서

연말 목숨을 건 도약이 필요한 임원 인사 시즌이 매년 돌아온다. 신입 사원 공채로 대기업에 입사했다면 족히 20년은 조직을 위해 충성을 다했을 것이다. 사원·대리·과장·차장·부장을 거쳐 드디어 이사 또는 상무 직함을 갖는 임원이 된다는 것은 그들 회사원 인생의 질적인 전환이 분명하다. 대기업 임원이 된다는 의미는 조직의 진정한 리더가 된다는 추상적인 것 외에도 보통 별도의 독립된 방이 제공되고(이제 조직과 한 몸이 되어 비밀스러운 의사 결정에 참여할 수 있다) 해당 부서에서 독립적인 인사권과 예산권과 같이 차원이 다르게 중요한 조직의 의사 결정을 행사하는 힘을 갖는 것이다. 비약적인 급여 인상과 운전

기사 배정, 이와 함께 지급되는 고급 차량으로 표상되는 물질적 보상 역시 회사원으로서의 화려한 성공을 보여 주는 상징들이다.

임원任員, executives, board의 사전적 의미는 '어떤 단체의 운영과 감독 등의 일을 맡아서 처리하는 사람'을 말한다. 회사라는 조직은 임원의 의사 결정을 직간접적으로 돕기 위하여 구성된 것이고, 일개 회사원의 일이란 바로 임원의 업무를 보좌하는 것 그 이상도 이하도 아니다. 흥미로운 사실은 임원들 사이에도 법적으로 구분되는 개념들이 혼재되어 있다는 점이다. 함께 임원으로 불리는 자들 사이에도 〈근로기준법〉상 사용자도 있을 수 있고 근로자도 존재할 수 있다. 화이트칼라에게 승진이란, 임원의 자리에 더 가까이 다가가는 것이며 그 본질적인 의미는 승진 전에는 일부만 분배받을 수 있는 경영권을 조금 더 받기 위한 경쟁·투쟁의 과정이자 중간 결과라고 할 수 있다. 피라미드 조직 속 경영권의 구체적인 형태는 업무 지시권과 인사권의 크기와 정확하게 비례한다. 비단 회사뿐만 아니라 모든 조직에 해당하는 원칙이기도 하다. 자금과 조직(인사)을 움직이거나 움직이게 하는 힘을 갖는 것이 조직 사회에

서 가장 구체적인 권력의 형태이기 때문이다.[*]

회사의 복잡성을 고려하면서 현실의 조직이 운영되는 장면을 살펴보면, 경영권은 오직 일극의 끝점에 있는 오너 한 사람에게만 존재하는 것은 아니다. 관료주의가 확립된 회사는 경영권이 총수·일반 임원·중간 관리자·사원으로 권한이 분배되어 있기 때문이다. 경영권 분배에 관한 투쟁에서 우리는 보다 높은 직급과 직위를 얻기 위해 경쟁하게 되는데, 단순히 '회사를 좀 더 오래 다니기 위해서'라는 소극적인 의미보다는 사실 '내가 원하는 대로 일하고 싶다'는 욕망이 모든 화이트칼라들에게 잠재해 있다고 보는 것이 진실에 가까울 것이다.

그 분배에의 투쟁 과정에도 불구하고 한국적인 특수성에서는 본질적인 업무 지시권을 가지는 오직 유일한 사용자는 '(재벌) 오너' 자신 이외에는 존재하지 않는다고 할 수 있다. 이 경영권의 구체적인 모습을 살펴보면, 회사에 관료주의라는 프레임을 씌우지 않더라도 회사가 경영권을 어떻게 행사하는지 상상해 볼 수 있다. 우리의 승진이 갖는 의미는 바로 그 파이를 조금 더 키우기 위한 내부 투쟁인 것이다.

---

[*] 업무 지시권 혹은 인사권이란 경영권을 구성하는 일부 요소에 불과하지만 보다 구체적인 의미를 가지므로 여기서는 같은 의미로 일단 사용한다.

회사원 시절, 임원이 되면 얼마나 행복할까 상상하곤 했다. 일개 회사원이 아니라 조직의 진정한 일원이 된다는 것. 그래서 내가 스스로 조직의 진로를 상상하고 기획하며 이를 실행하는 것. 다시 말해 시키는 일을 하기보다 그 일의 첫머리부터 기획하고 본질적인 고민을 할 수 있다는 것. 그래서 주체적인 인간이 된다는 것.

그러나 업무와 추상의 세계에서보다, 사실 회사에 출근해 비서의 배웅을 받으며 자신의 방에 들어가 종이 신문을 읽는 장면을 나는 무엇보다 부러워했던 것 같다. 그것이 내가 보기에 가장 커다란, 구체적인 임원의 특권이었다. 요즘 같은 경쟁 시대에 한가로이 신문을 읽을 시간이 거대 조직의 임원들이 언제나 누리는 일상은 아니겠지만, 임원이 되어야만 책상이나 탁자에 당당하게 신문을 펼쳐 놓고 읽을 수 있는 자유가 최초로 부여되는 것이 실제 조직의 진실이다. 임원 아닌 자가 사무실에서 신문을 읽는 방법은 단 하나의 초라한 방법밖에 없다. 책상 위 자신의 작은 모니터를 통해 깜박이는 도트들을 보는 것이다. 같은 정보 값을 갖는 문자라고 할지라도 그 자세부터 확연히 달라진다. 책상에 거북목이 되어 작은 모니터로 바라보는 세계와 신문을 직접 펼쳐 든 당당한 자세는 아무래도

세상에 대한 태도가 달라지기 마련이다. 모니터와 종이 신문의 차이는 사무직 근로자들의 '페이퍼 워크'의 흐름에서도 그대로 이어진다. 일벌레인 우리들이 좁은 모니터 화면으로 워드나 한글, 엑셀, 심지어 파워 포인트로 보고 문서를 며칠 밤새워 작업하고 나면 그것을 공손하게 출력하여 종이 결과물로 임원에게 보고해야 한다. 이렇게 보면 임원과 임원 아닌 자의 세계는 모니터와 종이의 세계로, 완전히 분절되어 있는 것 아닐까.

적어도 나에게 임원이란 종이 신문을 마음대로 펼쳐 놓고 볼 수 있는 자이다. 그러나 임원조차 그러한 자유를 마음껏 향유할 수 있는 것은 아니다. 그들의 수명 역시 유한하며, 임원으로서의 생명보다 더 중요한 것은 임원들이 가지고 사용할 수 있는 권력의 크기와 차이이다. 모든 조직에는 실세 임원과 명목상 임원이 존재하기 마련이며 그 실질적 힘의 크기는 임원 아래 일개미인 근로자들이 가장 먼저 알 수 있다. 실제로 자신이 부서장으로 있는 조직의 인사권과 예산권을 행사하지 못하는 임원이 많이 목격된다. 그 빈자리의 조직 관리는 실세 임원이 한다.

실세가 된다는 것

실세 임원 중 승승장구한 이들이 도달하는 곳은 회장 비서실 같은 핵심 부서다. 비서실·종합기획실로 불리는 부서뿐만 아니라 재무 부서나 인사 부서의 임원들 역시 핵심 부서의 일원이다. 임원 안에서도 엄연히 질서와 위계가 존재하는데 재무·인사 임원의 경우 실세 임원의 일원으로 더 쉽게 인정된다. 말하자면 그들이 조직 내 최종 결정을 수행한다고 할 수 있는데 조직의 수장(재벌 회장과 그의 승계자들)을 최근 거리에서 보좌하는 권한을 누리기 때문이다. 너무 아득하게 느껴지지만 결국 일개미인 회사원들은 회장과 그 승계 예정자들과의 거리를 통해 자신의 조직 내 위상을 가늠해 볼 수 있게 된다. 회사 내 핵심 인력에 편입되기 위해서는 어떻게 해야 하는가? 당연히 원래 핵심이었던 자와 가까이 있어야 하고 승진을 통해 일단 임원이 되어야 한다. 그 임원들 사이에도 위계가 존재한다. 사실 회사 내에서 그 자가 속한 부서명이 중요한 것은 아닌데 보통 임원과 구분되는 '실세 임원'은 조직의 수장과 회사에서 얼마나 자주 만나는지, 그들의 방 위치가 수장과 얼마나 가까운지에 따라 구분될 수 있다.

삼성전자의 실세 임원은 최근까지 존재했던 미래전략실 임원이라 할 수 있다. 그들이 삼성 미래전략실의 일원이자 사장단이 된 것은 가문의 영광이었을 것이다. 최고의 전자제품·서비스 회사인 삼성전자에서 사장이 된다는 것, 그들이 내 가족 중 한 명이라는 사실은 얼마나 명예로운 것이었을까. 그런데 20년에서 30년 이상의 세월, 견마지로犬馬之勞를 보내고 난 후 그들이 한 일은 무엇이었는가?

그들 업무 중 정말 중요했던 일은, 지난 박근혜 정권의 숨은 실세인 최순실의 미성년 딸에게 말을 사서 바치는 것이었다. 삼성 실세 임원으로서 이들의 일이 우스운 것인가. 그렇지 않다. 그들은 그룹과 삼성전자의 핵심 과제를 정확히 이해하고 있었을 뿐만 아니라 사건 당시 그들의 조직에게 최대의 이익을 가져올 수 있는 최소의 비용이 무엇인지 알고 있었다. 그래서 최순실의 딸 정유라에게 말을 사 주고 그가 낳은 갓난아이에게는 분유값까지 지불했던 것이다. 최순실의 가족은 얼마나 호화로운 인생을 살았던 걸까? 최씨 일가의 수백억 재산 규모보다 가늠하기 어려운 것은 삼성이 사다 준 분유를 먹고 자란 아이가 이번 스캔들이 아니었다면 어떤 일생을 또 살게 되었을까, 하는 상상이다.

2017년 겨울, 시민들이 거리로 나와 대통령과 그 뒤에 숨어 있던 최순실, 그의 딸, 문고리 3인방 비서관, 청와대의 경제수석과 민정수석을 향해 분노를 표출했다. 정상 작동하는 국가의 시스템이 아닌 오직 시민의 분노로 그들은 심판대에 세워졌고 처벌받게 되었다. 그 행정 권력과 이익을 사유화했던 범죄 행위는 사법부에 의해 사실로 인정되고 평가되리라고 낙관한다. 그들은 시민으로부터 권력을 위임받은 자로서 법률을 준수하고 도덕적 의무를 이행할 의무가 있었다.

이와 비교하여 어쩌면 더 오랜 세월 더 많은 이익을 역사적이고 조직적으로 향유해 왔던 삼성 등 재벌 자본의 실행자들, 임원들의 문제는 조금 복잡하다. 그들이 박근혜나 최순실의 공무원이었던 부하들과 구분되는 것은, 숨은 실세에게 금품을 제공한 행위가 그들 자신의 직접적 이익과 일치하지도 않고, 공직자로서 요구되는 도덕적 기준이 설정되지도 않는 민간인이었다는 점이다. 임원들의 기부는 개인적 이익과는 무관했으나 조직을 위한 것이었고 비즈니스에 있어 합리적인 행위였다.

시장에서 흔히 만나게 되는 회사원 수준의 윤리적 기준으로 이 사건을 바라보자. 정권 실세에게 직접 기부 행위를 한 임원들을 우리는 마냥 비난할 수 있을까? 내가 대기업 공채 사원으로 입사해서 올라간 그 임원의 자리에서 누군가가 정유라의 말을 사 주라고 지시했을 때 거부할 수 있을까?

30년 회사 생활 후, 실세 임원이 되고 승마협회장을 했던 삼성 임원은 전쟁 같은 회사 생활 동안 단 한 번이라도 편하게 말을 타 본 적이 있을까? 아니, 아시안 게임이나 올림픽 TV 중계에서 단 한 번이라도 마장 마술 경기를 처음부터 끝까지 본 적이나 있을까? 그는 누군가의 지시로 그리고 조직을 위해서 티끌만큼의 관심도 없는 승마협회장을 했을 것이다. 정유라에게 말을 사 주는 행위를 노동이라고 본다면, 그 역시 노동으로부터 소외된 자본가의 대리인이었을 뿐이다.

부역자들 역시 불법적인 기부 행위에 대해 법적 대가를 치를 것이다. 다만 나는 그 삼성 임원이 승마협회장이 된 사실 자체에 대해서 인간적으로 옹호해 보고자 한다. 결론부터 말하면 임원들은 조직과 지시자의 결정으로 '생명 있는 도구'로 쓰였을 뿐이다. 찰리 채플린은 영화 〈모던 타임즈〉(1936)에서 기계에 부속된 블루칼라를 통해 우리 신체가 기계화되는 과정을 통렬하게 보여 주었다. 21세기 한국의 화이트칼라 역시 임원이라 할지라도 기계로서의 숙명을 거부하기 어렵다. 우리는 삼성 임원이자 승마협회장을 통해 기획자인 화이트칼라 역시 기계·신체가 될 수 있다는 슬픈 사실을 볼 수 있다.

고분고분 따르는 명령

우리가 회사 인간으로서 느끼는 답답함은, 하나의 인격이 아닌 조직의 부품으로서의 삶에 막 들어섰다는 느낌을 갖기 때문일 것이다. 그런데 삼성 미래전략실 임원의 사례로부터 확인되는 사실은 그들도 우리와 마찬가지 신세였다는 점이다.

　삼성 실세 임원들이 30년간의 회사·조직 생활에서 체계적으로 학습한 제1의 원칙은, 바로 지시에 대한 윤리적 무반성無反省과 완벽한 실행이었다. 그렇지 않았다면 그 자리에 올라갈 수조차 없었다는 것을 우리 모두는 안다. 그들을 마냥 비난할 수 있을까. 조직에 몸담고 있는 우리가 그 위치에 있었다면 그렇게 했을 가능성이 높지 않았을까? 몇 년 전 목숨을 건 폭로를 했던 전직 삼성맨 김용철 변호사는 '당신이 삼성에서 권력을 가졌다면 어떻게 행동했을 것인가'라고 이미 반복해서 질문한 바 있다.

형법상 개념인 간접 정범*의 경우, '생명 있는 도구'를 이용한 범죄자를 정범으로 처벌하고 그 도구로 쓰인 자는 처벌하지 않는다. 쉽게 말해 사람을 때리거나 찌른 몽둥이와 칼을 처벌할 수 없는 것과 같은 이치에서 인격 없는 도구로 쓰인 사람 역시 처벌할 수 있는 책임을 인정할 수 없다는 것이다. 물론 무리한 주장일 수 있고 다소 과격하다고 생각하지만, 어쩌면 일부 삼성 임원들은 생명 있는 도구로 쓰인 것은 아닌지 의심을 품어 본다.

매년 돌아오는 임원 인사 시즌, 임원 승진 대상자뿐만 아니라 모든 조직 구성원에게 있어서도 중요한 시기이다. 승진 인사가 대규모로 행해지면, 조직은 다음 해를 준비할 임원에게 역할을 부여하고 책임을 지운다. 임원 승진은 당사자만의 문제가 아니다. 임원 후보자 아래 모여 있는 조직원들은 그와 운명을 함께하는 공동체다(보통 조직 내 파벌이라고 불리는데 이것은 사실상 없애기 힘들다). 내가 모시는 상사가 승진해야 내가 승진한다. 만약 임원 후보자가 조직에서 공공연하게 '승진하더라도 나는 절대 승마협회장 같은 건 하지 않겠다. 나는 오직 일로

● 책임 능력이나 범죄 의사가 없는 사람을 이용하여 행하는 범죄. 또는 그 범인.

만 승부해서 내 부하 직원들을 책임지겠다'고 한다면 그 파벌은 어떻게 될까? 파벌, 즉 그 작은 회사 공동체는 즉시 와해될 것이다. 무엇이 중요한 것인지 모르는 리더에게 자기 목숨을 맡기는 순진한 조직원은 존재하지 않는다. 작은 공동체는 오직 회사·지시자의 이해관계를 같이할 때만 존재할 수 있고, 회사의 미래에서 중요한 비즈니스는 어떻게 수행되어야 하는지 우리 모두는 잘 알고 있기 때문이다.

그렇다면 지난 정권에 대한 조롱과 분노는 삼성 임원들 앞에서는 조금 세밀하게 다듬어져야 한다. '어쩌면 그들을 향한 분노의 일부는 2019년 한국을 사는 우리 자신에게도 향해져야 하는 것은 아닐까'라고 한 번쯤 생각해 보는 것이다.

조직과 윤리적 사고

승마협회장 임원을 처벌하기 위해서는 최소한 노동자에게도 제도적으로 윤리적 사고가 가능한 조건이 마련되어야 한다고 본다. 노동자에게도 상사의 지시를 거부할 수 있는 권리, 작업 거부권이 회사의 규칙으로 세워진다면 어떻게 될까?

앞서 비교한 공무원과 회사원 사이에는 한 가지 중요한 차이가 존재한다. 〈헌법〉상 공무 담임권●과 이를 뒷받침하는 법률에 따라 공무원은 상사의 불법적인 지시를 거부할 법적 근거가 있으나, 공직에 몸담고 있지 않은 민간인인 회사원은 그러한 명문의 권리가 없다는 점이다. 물론 회사원에게도 양심에 따라 행동할 수 있는 양심의 자유와 함께 명백한 불법 행위에 대해서는 스스로 거부할 수 있는 현행 법률이 적용된다. 그러나 이것만으로는 부족하지 않을까?

사장·상사의 지시가 특히 불법과 합법의 경계 사이에 존재하고 있는 것이라면 더욱 그렇다. 여기 현실의 회사에 이미 규정된 아름다운 취업 규칙 사례가 하나 있다. 요지는 "근로자는 법과 자신의 신념에 위배되는 회사의 지시를 거부할 권리가 있고, 그 거부에 따라 회사로부터 어떠한 인사상 불이익을 받지 않는다"는 것을 내용으로 한다. 2019년 현재 한국에 존재하는 몇몇 기업들이 실제로 채택한 취업 규칙과 인사 규정이다.

굳이 취업 규칙으로 내용을 정할 필요도 없고, 앞서 살펴본 근로 계약을 통해 개별 근로자와 계약상 내용으로 삼아도

● 헌법 제25조에 보장된 권리로 참정권의 한 종류이다. 모든 국민은 공무원이 되어 그 직무를 수행할 수 있는 권리가 있다.

상관없다. 나아가 단체 협약을 통해 노동조합과 그 내용을 더욱 구체화시켜도 무방하다. 좀 더 멋진 회사라면 〈근로자 행동 강령〉이라는 멋들어진 내용으로 작업 거부권을 고지하고 언론을 통해 회사 홍보 수단으로 삼아 봐도 좋지 않을까.

작업 거부권을 통해 모든 근로자가 태업을 하고 상사의 지시를 거부하는 부작용이 발생할까? 지난 수십 년 쌓아 온 한국 작업장 문화에 따르면 기우 중의 기우라고 본다. 우리는 이미 충분히 상사의 예쁨을 받기 위해 스스로를 닦달하고 있기 때문이다. 어찌되었건 연말에 행해지는 인사고과를 제대로 받기 위해서는 상사의 작은 지시도 사실 허투루 여길 수 없다.

한편 사용자가 근로자의 업무 내용을 정하고 일을 하는 과정에서 상당한 지휘 감독권이 인정되는 근로 계약의 사용 종속성에 있어 '근로자의 작업 거부권이 계약에 반하지 않는가' 라고 질문할 수도 있다. 근로자의 신념에 따라 사용자의 작업 지시 사항이 제한을 받는다면 이는 계약의 본질과 충돌할 수 있다는 것이다. 그러나 작업 거부권에 의해 보호받는 근로자의 신념은 〈헌법〉과 법률의 보호 영역 안에 인정되어야 하고 일반적인 사회적·상식적 규칙에 어긋나지 않아야 한다.

나의 경우에도 회사 재직 시절 팀 내에서 관행적으로 행해지던 불법을 묵인·방조했던 경험이 있다. 당시 회사가 독점적으로 갖고 있는 고객 개인 정보를 해당 사용자의 동의 없이 제3자에게 제공하고 회사로 하여금 이익을 편취하도록 하는 데 일조한 것이다. 당시 그 행위를 했던 근로자들은 모두 그것이 불법이라는 사실을 알고 있었다. 그러나 지난 수년간 행해져 왔던 일이었기에 아무도 문제 제기를 할 수 없었다. 직급이 낮았던 내가 용감하게 그 일을 하지 않겠다고 문제 제기하는 데에 직업장에서 명문의 권리로 인정되는 작업 거부권이 존재했다면 어땠을까 상상해 본다. 또한 저 작업 거부권은 말 그대로 법률에 위배되는 지시, 개인의 가치관을 버리지 않으면 행할 수 없는 업무 지시를 거부할 수 있는 최소한의 윤리적 근로를 위해 존재할 뿐이다.

상사에게도 중요한 작업 거부권

작업 거부권이 계약과 취업 규칙 등으로 명문화되어 있는 경우에는 업무를 지시하는 상사에게 좀 더 강력한 의미를 갖는 준칙이 될 수 있다. 상사 입장에서 '내가 하는 지시가 현행 법률에 위배되지 않는가'라고 스스로 자기 검열할 수 있게 되고 더 나아가서는 '내가 하는 지시가 지시를 받는 부하의 가치관과 신념에 어긋나는 것은 아닌가' 하는 윤리적 마지노선을 한 번 더 검토하는 기회가 될 수 있기 때문이다.

군대처럼 상명하복의 문화가 미시적으로 작동하는 한국의 작업장에서 부하의 작업 거부는 그 자체로 발생 즉시 사건이 된다. 우리들의 회사는 학교나 교회보다 더 소문이 빠르고 평판이 세밀하게 공유되는 곳이기 때문이다. 바로 그곳에서 지금은 추상적이지만 강한 규범성을 갖는 근로자의 작은 권리는 구성원 모두에게 큰 의미가 될 수 있다.

작업 거부권만으로 삼성 임원이 승마협회장이 되고 정유라를 위해 말을 사 주는 것을 피할 수도 없다. 다만 그 승마협회장이 이미 사원·대리·과장부터 충실하게 이행했을 그 무수한 지시들, 그 지시들이 좀 더 투명해지고 법률의 테두리 안에서 이행될 수 있는 작은 환경이 조성될 수 있다. 허먼 멜빌Herman Melville의 1853년 소설 『필경사 바틀비』의 주인공 바틀비는 시종일관 기인과 같은 태도로 주변과 불화하며 "~하지 않았으면 좋겠습니다"를 연신 외친다. 해고를 당했지만 사무실을 떠나지 않았고 그렇게 홀로 저항 아닌 저항을 하다가 감옥에 갇혔다. 바틀비의 이 비타협적인 태도가 일반적인 근로 계약에 부합하는지 현실 법리적으로 검토하는 것은 무의미하다. 다만 바틀비가 지키려고 했던 인간의 존엄이 현재의 회사원들의 경우 지나치게 침해당하고 있는 것 같다. 바틀비의 소극적 저항의 능동성이 한국의 회사 안에서 필요 최소한으로 작용할 수 있어야 한다고 생각한다.

| 4장 |

조직이 주는 명예란

상과 벌을 받는다면

얼마 전 한 대기업의 사내 성폭력 사건이 사회적 문제로 불거지면서 그 회사의 징계권 행사에 대해서도 세간의 이목이 집중됐다. 일반적인 근로자에게는 회사가 징계를 개시하는 것이 상을 주는 것만큼이나 이례적인 일로 보이기도 한다. 그러나 학교 아닌 회사가 근로자에게 부과하는 상벌은 기업 경영을 목적으로 하는 경영권 행사의 일환이고, 특히 근로자에 대한 일방적 불이익 조치인 징계는 빈번하게 일어나며 법적 다툼의 소지가 많아 소송의 대상이 되는 경우가 많다.

근로자가 수행한 업적에 대한 회사의 보상은 보통 승진이나 인센티브와 같이 숫자와 관련된 것들이다. 이제는 상장과 같은 명예형 보상은 거의 사라지고 있고 근무 (성적) 평정이 대신 행해진다. 그럼에도 여전히 회사가 관습처럼 주는 '상장'이 있는데 10년, 20년 동안 한 회사에 몸을 담고 있으면 수여하는 근속 기념패류이다. 회사는 근로자의 노고를 한껏 치하하는 문구가 적힌 감사패를 주며 청춘을 보내고 이제 장년에 접어든 그들에게 돈이 들지 않는 값싼 위로를 건넬 뿐이다(가끔 순금으로 만든 열쇠를 주기도 하고 상품권을 줄 때도 있는데 서글픔만 더해진다).

　　순탄한 회사 생활을 하는 근로자라면 회사로부터 상을 받는 것만큼이나 벌을 받는 것도 어색하다. 그것이 매우 희귀한 사례이므로 회사가 근로자를 징계한다는 것은 사실 '회사를 나가라'는 것과 같은 의미로 받아들여질 정도여서 징계 위원회 혹은 인사 위원회의 개최 통보를 받은 근로자는 조용히 사직서를 내는 것이 보통이다. 회사나 사용자로서도 징계 절차를 만인에게 개시하는 것은 일정한 위험을 감수하는 일이다. 징계가 남용되면 조직의 기강을 해치고 업무 효율성을 저해시킬 수 있으므로 징계권 행사는 보통 인사 조치의 최후 단계에 행해진다. 회사의 징계 절차 돌입 통보는 사실상 권고사직의 다른 말이 되는 것이다.

　회사는 근로자에게 언제 칼을 빼들며 징계하는가? 그것은 조직 입장에서 크게 두 가지 경로를 보인다. 먼저 근로자가 명백하게 현행법이나 취업 규칙을 어겨 위법하거나 부당한 행위를 하는 경우이다. 이번 사례와 같이 회사 밖에서 사회적인 비난을 받을 가능성이 높은 범죄를 저지른 때이다. 다른 경우는 회사가 근로자를 해고하기 위한 전 단계로 징계권을 행사하는 경우다. 여기에는 매우 다양한 사례들이 존재하는데 보통 근로자의 행위가 회사에 해를 끼친다고 '회사가 판단'하는 경우들이 많다. 이를테면 내부 고발자 같은 경우가 있을 수 있다. 첫 번째 경우인 근로자 개인의 불법 행위보다 회사는 내부 고발자가 회사 이익을 침해한다고 판단하기 쉽다. 그것이 작금의 한국 사회 대부분의 회사에 팽배한 조직의 생리다.

　앞서 언급된 문제의 회사도 피해자를 잠재적인 내부 고발자로 보고 성폭력 사실이 외부로 알려져 회사 평판이 나빠질 것을 더 두려워했다. 회사 인사 담당 임원이 피해자에게 '우리 회사가 여성을 상대로 하는 기업이기 때문에 이런 일로 소문이 나면 타격이 클 것 같다. 조심해 달라'고 한 것에서 회사의 명백한 입장이 확인된다. 회사의 징계권이 회사의 이익을 위해 사용되는 경우가 근로자를 위해 행사되는 경우보다 더 많다.

근로자의 입장은 어떤가. 회사가 나에게 징계를 가한다는 것만큼이나 조직 생활에서의 위협을 현실적으로 느끼는 경우가 또 존재할까? 우리는 회사를 다니면서 실제로는 회사라는 실체를 느끼지도 못한다. 회사라는 실체를 근로자가 감각적으로 확인하는 것은 오직 상사를 통해서다. 상사 뒤의 회사는 근로자 앞에 좀처럼 모습을 드러내지 않지만 그 몸을 감추고 있다가 징계권을 행사하는 결정적인 순간에야 비로소 등장한다.

그 최후의 순간, 회사의 징계권 행사는 일방적 조치로서 돌이킬 수 없는 불이익을 주기 때문에 매우 신중하게 행사되어야 한다. 징계권 남용이 법적으로 엄격히 제한되는 이유다. 그래서 회사의 징계권 행사는 취업 규칙이나 단체 협약 등에 따라 엄격한 절차를 거쳐야 하고, 내용에 있어서도 징계 처분이 적정해야만 한다. 현실은 어떤가? 이론과 달리 우리가 사는 일상은 그렇게 단순하지 않다. 복잡하게 얽힌 사실 관계가 존재하고 이에 못지않게 회사의 고민도 깊다. 생각해 보면, 근로자들이 회사를 다니면서 징계권·인사 규정을 전혀 모른다는 것은 그 자체로 너무 이상한 일이다.

사내 연애로 인한 해고

불과 30여 년 전에는 같은 회사 구성원끼리의 연애를 금지하는 경우가 많았다. 취업 규칙이나 인사 규정에 사내 연애를 금지하는 내용을 명기하지는 않았지만 사내 구성원들에게 불문율로 적용되던 시절이었다.

일부 회사는 사규로 사내 연애를 퇴사의 원인으로 적시한 경우도 있었다. 임신하거나 출산을 하게 된 여성 사원이 있으면 퇴사가 당연하던 시절이었으니 크게 놀랄 일도 아니다. 내가 근무했던 대기업 역시 정규직 여자 과장, 부장은 회사에 거의 존재하지 않았고 그나마 있던 분들도 사내 정치에서 맥없이 나가떨어지던 것을 눈으로 목격했으니 그리 먼 이야기도 아니다.

사내 연애를 금지하는 전근대적인 규정은 불과 한 세대 전의 일이었다. 실화는 더 있다. 공장에 위장 취업을 했던 전설의 80년대 선배들로부터 들었던, 노동자들의 폭력적인 작업장 문화도 놀라웠다. 산업 현장에서는 상사들의 욕설과 폭행이 일상화되어 있었고 '쪼인트 까기' 같은 군대식 폭력도 빈번하게 행해졌다고 한다. 폭력 행위나 강도가 달랐지만 화이트칼라든 블루칼라든 억압적 회사 문화가 만연해 있던 시절이 우리에게 있었다.

근무 기강 다잡기

먼 회사 역사를 돌아보지 않더라도 최근 사내 연애를 한 사원에게 근무 기강을 다잡기 위해 사직을 권고하며 사실상 징계 해고를 단행한 회사가 실제로 있었다. 물론 그 회사는 취업 규칙이나 사내 규정으로 연애를 징계 사유로 정해 놓지는 않았다(만약 이를 명시했다면 소송에서 무효인 규정으로 다툴 수 있을 것이다). 소규모 회사 대표인 사장이 개인적 판단을 통해 해당 근로자의 연애를 이유로 사실상 해고를 단행한 사태가 벌어졌는데 이것을 어떻게 이해할 것인가.

회사에서의 징계란 근로 계약상 의무나 기업 질서 위반 등 근로자에게 책임 있는 사유가 있다는 이유로 사용자가 근로자에게 행하는 불이익한 처분을 말한다. 회사는 비위 정도에 따른 징계 종류로 통상 견책·감봉·정직·해고 등을 정해 둔다. 경고의 의미를 갖는 견책과 일정한 급여 삭감을 예정하는 감봉은 통상 경징계로 분류되고, 회사가 근로제공을 거부하고 휴직을 강제하는 정직과 일방적 계약의 해지인 해고는 중징계로 취급된다. 징계가 적법하기 위해서는 그 사유가 정당해야 하고, 절차도 적법해야 하며, 최종 처분인 징계의 양정量定이 적정해야 한다. 이 세 가지 요소(사유·절차·양정) 중 단 한 가지라도 하자가 존재한다면, 그 징계는 위법하여 취소되거나 무효가 된다.

사내 연애를 이유로 사실상 징계 해고를 하는 경우는 징계 사유 자체가 정당하지 않다고 할 수 있다. '사내 연애 해고'는 밥을 빨리 먹지 않는다고 혹은 회식에서 술을 마시지 않는다고 해고하는 것만큼이나 부당하다. 사내 연애권이라는 명문의 기본권은 당연히 존재하지 않지만 회사원이 다른 회사원과 사랑을 할 자유는 일반적 행동의 자유권에 포섭되는 헌법상 기본권이라고 할 수도 있다.

백번 양보해서 어떤 사업장의 경우에는 사내 연애가 복무 기강을 어지럽히고 특수한 근로 내용상 사내 연애 해고를 하는 것에 어떤 합리성이 인정된다고 가정해 보자. 조금 우습지만 그 회사에서 연애를 시작한 김 과장과 이 대리가 빌딩 계단에서 키스를 하다가, 손 부장에게 들켜서 징계 위원회에 회부된 장면을 상상해 보는 것이다. 이 경우 회사 징계 위원회는 '김 과장과 이 대리, 둘 다 네 죄를 알렸다'라고 호통치며 거룩한 연애에 대한 합당한 징계로 해고를 명할 수 있다.

묵비권, 혹은 부인할 것

김 과장과 이 대리가 징계 위원회 위원들 앞에 불려 나가 소명을 해야 할 때 이들의 가장 합리적인 대응은 무엇일까? 회사를 다니기로 결심했다면, 아무 말도 하지 않거나 연애 사실 자체를 부인하는 것이 우선이다. 징계 사유에 대한 입증 책임은 징계를 하려는 사용자가 부담하기 때문이다. '근로자에게 어떠한 징계 사유가 존재한다고 하여 징계 처분을 하는 경우에는 징계 사유의 존재를 입증할 책임이 사용자에게 있다'는 대법원 판례(대법원 1992. 8. 14. 선고 91다29811)가 김 과장과 이 대리의 사랑과 일자리를 보호해 줄 것이다. 입증 책임이란 쉽게 말해 소송법상 어떤 사실을 '먼저' 입증하지 않으면 그 불이익을 입는 당사자의 위험을 말한다. 입증 책임을 사용자, 즉 회사가 부담한다는 의미는 징계 사유인 연애 사실을 회사가 입증하지 못하면 연애는 없던 것처럼 되어 소송상 불이익을 사용자가 진다는 뜻이다.

법적 다툼을 가정해 보면 '사내 연애의 정의란 도대체 무엇인가'라고 진지하게 따져 볼 수도 있다. 손 부장의 증언은 그들의 연애를 응원하는 우리에게 불리한 것이지만, "'썸'만 타고 있던 김 과장과 이 대리가 갑자기, 불현듯, 무의식에 이끌려 계단에서 키스를 했다면 이를 사내 연애의 범주에 포함시킬 수 있을 것인가"라는 약간 궁색한 항변을 변호인 입장에서 해 볼 수도 있다. 이러한 다툼을 가정해 보면 사내 연애를 어떻게 포섭할 것인가 하는 착잡한 법률문제가 이어지는 것이다. 사내 연애란 "사내 구성원이 진지하게 만남을 3개월 이상 지속하고 있는 실질적 애정 관계를 말하며 해당 기간 동안 1회 이상의 키스 또는 이에 준하는 관계를 가진 역사적 사실이 있음을 요건으로 한다"라고 황당한 정의를 할 수는 없지 않은가.

사내 연애를 해고나 권고사직 사유로 규정하는 것은 희극적이 될 수밖에 없다. 강조하자면 회사의 징계 사유는 객관적이고 합리적인 타당성이 인정되어야만 적법하고 정당한 것으로 인정될 수 있다. 사실 실제 상황에서 더 문제 되는 것은 징계 사유보다 징계 절차이다. 징계 위험에 처한 회사원들이 명심해야 할 대목이다.

적법한 징계 절차에서 가장 문제되는 것은 크게 두 가지이다. 하나는 회사의 징계 위원회 위원의 구성 문제이고, 다른 하나는 당사자에게 징계 위원회에 참석할 것을 사전에 통지하는 문제이다.

징계 무효가 되는 경우

먼저 징계 위원회의 적법한 구성은 징계를 받는 근로자의 징계가 공정하게 이루어졌는지 확인하기 위해 반드시 선행되어야 한다. 비위 행위 등에 대한 처분으로서 징계 수위를 정하는 위원이 징계 사유와 관련하여 이해관계가 있는 인물이라면 해당 징계 처분을 공정한 것이라고 말하기 어렵다.

이를테면 앞선 사례인 근로자 김 과장·이 대리의 사내 연애 행위를 목격한 손 부장의 신고 사건에서 징계 위원으로 손 부장이 위촉되어 있을 때 징계가 적법한 것이 될 수 있을까? 이미 징계 사유를 사실로 확정한 자인 손 부장은 사실의 진위를 다투는 피징계자인 근로자 김 과장·이 대리와 상반된 이해관계를 갖고 있으므로 위원 자리에서 물러나게 할 수 있다. 즉 '제척 사유'가 된다. 이 사건에서 징계 위원회는 오히려 손 부장을 참고인으로 불러 사실을 확정해야 하는 만큼 그를 징계 위원으로 구성하는 것 자체가 절차적으로 부당하다.

한편 회사가 취업 규칙이나 단체 협약에서 징계 위원회의 구성 방법을 상세하게 규정하고 있다면 반드시 그 규정대로 구성해야 한다. 만약 규정과 달리 징계 위원회가 구성된다면 그에 따른 징계 처분은 당연히 무효다. 예를 들어 징계의 공정성을 기하기 위하여 '징계 위원회에 반드시 외부 위원 2인을 참석시킬 것'을 단체 협약 등이 정하고 있음에도 불구하고 회사가 촉박한 징계 절차 일정에 따라 내부 징계 위원들로만 위원회를 구성하였다면, 징계 사유가 아무리 엄중하다 하더라도 해당 징계는 무효가 된다.

갑작스러운 통보

당사자에게 징계 사유는 징계 위원회가 개최되기 전에 미리 통지되어야 하고 이에 대한 소명의 기회가 부여돼야 한다. 이러한 사전 통지 절차는 징계의 공정성을 위하여 반드시 필요한 것으로서 징계 대상자에게 자신에게 이익이 되는 소명 자료를 준비하여 제출할 수 있는 기회를 보장해야 한다는 점에서 중요한 의미가 있다.

예컨대 징계 위원회의 개최 일시와 장소를 위원회가 시작되기 불과 30분 전에 전화 통보하거나 출석 통지서를 개최 1시간 전에 급하게 송부하는 경우, 해당 근로자는 징계 위원회에 참석할 시간과 소명 자료를 준비할 시간이 부족하므로, 그에 따라 이뤄진 징계 처분은 모두 무효가 될 수 있다.

회사 입장에서는 징계 대상자에게 사전에 충분한 소명 기회를 제공하기만 하면 된다. 즉 징계 대상자의 '셀프 소명'이 반드시 요구되는 것은 아니다. 따라서 근로자가 회사로부터 소명의 기회를 갖도록 충분히 여유 시간을 두고 사전에 징계 위원회 개최 사실을 통보받았음에도 불구하고 자의로 출석하지 않은 경우에는 해당 징계 처분의 정당성이 인정된다.

징계 위원회 개최를 통지받은 근로자는 극도의 불안감에 빠지게 되고 이를 회피하고 싶은 마음이 앞서게 된다. 이때 전문가의 도움을 받는 것이 필요하다. 사실 관계의 다툼이 있는 경우 변호사의 도움을 받아 기초 자료를 정리하여 소명 자료로 제출할 수 있고, 필요한 경우 징계(인사)위원회에 함께 출석하여 구두로 소명하는 것을 도울 수도 있다. 대리인으로 선임된 변호사가 근로자를 위하여 항변하는 것은 징계 결과에도 큰 영향을 미칠 수 있기 때문에 이러한 조력이 사전에 행해져야 함을 강조하고 싶다.

늘 공정하지는 않다

회사 생활의 끝은 무엇인가. 열심히 회사에 다니던 우리 모두가 어렴풋하게 알고는 있지만 정확하게 인정하기 어려운 그 마지막은 당연히 '퇴사'다. 그렇게 원하던 회사에 들어갔지만 그 끝은 당연하게도 회사를 그만두고 나오는 것이다. 회사에서 충분히 일한 후에 그만두는 것인가 그렇지 않은가가 다를 뿐이다. 다시 말해 내가 먼저 원해서 퇴사하느냐(의원 면직) 회사가 요구해서 그만두느냐(징계 해고)의 문제다.

대기업 화이트칼라가 회사원으로서 '현실적인 천수'를 누리는 것은, 정년 60세를 다 채우는 판타지가 절대 아니다. 회사에서의 수명은 입사 동기들보다 승진을 더 많이 하는 것과 밀접한 상관관계가 있다. 보통 이사나 상무와 같은 임원 보직을 맡은 후(운이 좋다면, 전무나 부사장) 약 2~3년의 보이지 않는 임기를 마치고 나서 퇴사하는 것이, 근로자로서의 생을 명예롭게 마무리하는 경력의 사례다.

그러나 교통사고로 갑자기 생을 달리할 수 있듯이 회사원으로서의 삶 역시 뜻하지 않은 사건으로 징계로 마무리되어 퇴사할 수 있다. 문제는 회사가 징계를 할 때 언제나 공정하지는 않다는 사실이다.

평판과 낙인의 연장선

현실에서는 임원이 되지 못하고 중간 관리자인 팀장 내지 파트장 직에서 회사 인생을 그만두는 경우가 훨씬 더 많다(취업 준비생들은 잘해야 20년짜리 기간제 근로자로 취업하는 것이다). 심지어 부장 승진에서 누락되거나 과장 직급에서 회사로부터 권고사직을 당할 수도 있다. 학교에서만 성적표가 존재하는 것이 아니다. 회사에서는 더 촘촘한 근무 평정과 그보다 더 무서운 평판 조회가 입사 3년 정도면 꼬리표처럼 근로자를 평생 따라다닌다.

이른바 RRM^{reputation risk management}, 즉 소위 말하는 평판 관리는 조직 내 생명 연장을 위해서 아무리 강조해도 지나치지 않는다. 평판은 그 자체로 근로자의 지울 수 없는 낙인이며 회사 생활의 처음과 끝이라 해도 과언이 아니다. 아무리 일을 잘해도 '싸가지가 없으면' 조직 생활의 안위를 보장받을 수 없다. 싸가지가 있으면서 일을 적당히 하는 게 개인의 RRM 관리 측면에서 더 낫다. 비단 대기업뿐만 아니라 일정 규모의 관료 시스템이 만연한 기업에서의 근로자 평판은 한 번 형성되면 바꾸기 어려운 문신과도 같아서 주의하고 또 주의하면서 회사 내 일상을 관리해야 한다.

회사의 인사 위원회(또는 징계 위원회)는 재판관이 운용하는 중립적인 기관이 아니다. 회사는 어떤 근로자의 불법 행위를 알고도 그간 조직에 기여한 공로나 우수한 근무 성적을 이유로 징계 위원회에 아예 회부하지 않을 수도 있고, 반대로 평소 조직에 기여도가 크지 않고 분위기를 흐린다고 판단되는 근로자에 대해서는 아주 작은 비위 사실로도 징계 절차에 바로 돌입할 수도 있다. 그 관문에서 가장 중요한 재량 판단의 요소가 바로 해당 근로자의 평판이다. 그가 동료들과 불화하지는 않았는지 상사들에게 평소 고분고분하게 순응했는지는 곧바로

'그 친구 (안)괜찮아'라는 한마디로 요약되고 회자되고 보고되
며, 징계 절차의 돌입과 같은 결정적인 순간을 좌우한다.

　이때 가장 불이익을 받는 회사 인간 유형이 존재한다. 바
로 조직 내 공익 제보자(내부 고발자)다. 이들이 받는 인사상 불
이익은 실로 막대해서 가중 처벌이라는 말로 설명하기 어려울
정도로 가혹한 차별과 냉대를 받는다. '가장 싸가지 없는 자'로
찍힌 그들의 경우, 아주 작은 실수로도 회사는 바로 그들을 징
계 절차에 회부하게 된다.

　〈근로기준법〉제23조를 다시 한 번 읽어 보자(근로기준법
100여 개 조항 중 압도적으로 가장 중요한 조문이고 수많은 판례와 해석이
이 조항의 '정당한 이유'에 관한 것이다).

　사용자는 근로자에게 정당한 이유 없이 해고, 휴직, 정직, 감봉, 그
　밖의 징벌을 하지 못한다.

　　　　　　　　　　　　　〈근로기준법〉제23조 1항 해고 등의 제한

　〈근로기준법〉제23조 제1항은 징계의 종류를 명시하고 있
다. 가장 강도가 강한 해고부터 휴직·정직·감봉뿐만 아니라
통상 견책 또는 서면 내지 구두 경고 등의 경징계가 대부분의

회사에서 빈번하게 행해지며 시말서 작성 등도 회사의 징계권으로 행사된다. 〈근로기준법〉과 함께 징계의 절차나 사유 등을, 회사는 취업 규칙(사내에서는 보통 인사 규정, 인사 규칙 등 다양한 형태의 별도 문서로 구성되어 있다)으로 규정하고 있는 경우가 대부분이다.

해고는 근로자에 대한 징계로서 가장 중한 징벌이다. 사용자가 근로 계약을 일방적으로 해지하는 중징계에 해당하며 정직 역시 업무에서 이탈시키며 임금의 지급을 정지시키는 효력을 갖는 중징계이다. 법률상 규정에는 없지만 직위 혹은 직급을 강제로 낮추는 강등이 현실에 존재하며 해고와 정직, 강등을 다른 징계와 구분되는 중징계로 취급하는 것이 일반적이다.

반면 감봉의 경우 통상 지급되는 임금의 절반을 지급하지 않는 경우가 많고 그 밖에 직위 해제, 견책(경고·주의) 등의 징벌은 경징계에 해당한다. 중징계와 경징계를 당하는 근로자는 어떤 절차와 사유에 따라 해당 인사 처분을 받게 될까? 회사가 공정한 재판을 하는 경우에는 그렇지 않겠지만, 소송 실무에서는 실제 아주 작은 귀책사유만으로도 중징계에 처해지기도 하고 반대로 중한 잘못을 저지른 경우에도 견책과 같은 약한 처벌을 받기도 한다. 한마디로 알 수 없는 것이다.

처벌 수위의 문제

회사가 근로자에게 징계권을 행사하는 것은, 합리적인 범위에서 제한적으로 이뤄져야 한다. 소수의 사용자와 다수의 근로자와의 '집단적 근로관계'를 일률적으로 규율해야 하는 사용자의 입장을 고려하더라도 말이다.

근로자의 비위 행위에 대해 사용자가 징계권을 과도하게 사용하는 경우에는 징계권 남용으로 그 징계 처분은 무효가 되며 해당 근로자는 징계를 받지 않은 것과 같은 결과가 된다.

징계권 남용에 해당하지 않는 가장 중요한 요건으로 비위 행위와 징계 처분의 비례성을 들 수 있다. 다시 말해 근로자의 행위가 징계 사유에 해당할지라도 사용자의 징계 처분이 비위자의 잘못과 사회 통념상 상당하다고 인정될 정도의 균형이 요구되는 것이다.

가장 흔한 사례인 근태를 예로 들면 상습적으로 지각을 하는 근로자를 징계 해고 하는 것이 허용될 수 있을까? 지각의 횟수와 그 구체적 양태가 중요하겠지만 단 몇 번의 지각만으로 징계 해고를 하는 것은 징계권 남용에 해당될 소지가 크다. 다만 사용자가 해당 근로자에게 몇 번의 경고 등을 하며 경징계를 누적하여 왔고 그럼에도 불구하고 당사자의 근태가 개선되지 않았을 경우나 상습 지각으로 인하여 사용자에게 사업상 손실이 발생한 경우에는 징계 해고까지 가능할 수 있다.

몇 번의 무단결근의 경우는 어떤가. 경우에 따라 다를 수 있겠지만 일반적인 화이트칼라의 경우 무단결근이 상습적이지 않은 경우에는 곧바로 징계 해고를 하는 것은 어렵다고 판단된다. 다만 버스 운전사가 단 2회의 무단결근으로 해고된 사례에서 교대 근무가 필수로 이뤄지는 업종의 특성상 무단결근이 일으키는 사업장의 손실이 결정적이기 때문에 징계 해고가 합리적인 것이었다고 판단한 판례가 있다.

결국 그 처벌 수위를 정하는 '징계 양정 판단'에서는 단일하고 일률적인 기준이 적용될 수는 없다. 행위·행위자·사업주 관련 요소가 종합적으로 고려되어 사안마다 합리적으로 판단되어야 한다. 여기서 행위 관련 요소로는 '징계 사유의 내용과 성질, 비위 행위의 동기와 경위, 기업의 경영 질서가 문란하게 될 위험성의 정도'를 말하고 행위자 관련 요소는 '피징계자의 평소 소행, 근무 성적 이외의 과거의 행적, 징계 사유 발생 이후의 태도, 당해 근로자의 담당 직무의 내용'이 있다. 마지막으로 사업주 관련 요소로 '사업의 목적 및 성격, 사업장 여건과

기업의 규모, 징계로 이루고자 하는 목적, 재심 징계 위원회를 통한 감경 여부'가 판단될 수 있다.

사실 징계 처분이 무효가 되는 사례의 대부분은 징계할 만한 사실은 인정되지만 징계 해고나 면직 또는 정직 등의 중징계로 하기에는 그 사유가 경미하거나 불충분한 수위 조절이 문제인 경우이다. 근로자인 피징계자가 자신의 처지를 비관하여 징계 절차에서 모든 것을 포기하지 말고, 자신의 잘못에도 불구하고 회사의 처분이 공정하고 합리적인 것인지 판단해야 하는 이유가 여기 있다.

시말서와 양심의 자유

묵비권을 행사한 김 과장과 이 대리가 용케 자신의 자리를 보전할 수 있었다면 그 후 그들을 기다리는 것은 무엇인가. 어쨌든 회사에 한 번 '찍힌' 자로서 상사로부터 일상적인 감시와 애매하게 부당한 업무 지시 및 감독에 노출될 가능성이 크다. 징계가 무산된 직후 업무 조정에 따라 이 대리에게 배당된 클라이언트 회사가, 어떤 사정에 의해 계약 기간 만료 후 거래 관계를 유지할 수 없다고 통보할 수도 있다. 팀장은 이 대리에게 계약 해지에 앞서 그 갱신을 위한 보고서 작성과 대책의 실행을 애매하게 지시했고, 그 지시를 수행했지만 클라이언트 회사는 갱신 의도 자체가 원래 없었으며, 원래의 계획대로 계약 해지를 통보한 것이다. 팀장의 업무 지시에 따라 업무를 '열심히' 수행한 이 대리는 그러나 약간 더 애매한 업무 결과로 인하여 시말서 제출을 요구받을 수 있다. 보통의 경우라면 아무 문제가 되지 않을 것이고, 문제 되더라도 연말 고과에서나 보복을 당할 수 있겠지만 한 번 '찍힌' 이 대리에겐 어쩌면 예정된 조치일 수도 있다. 이 경우 이 대리는 시말서 제출 요구가 부당하다고 항변하며 이를 거부할 수 있는가?

시말서란 경위서라고도 하는데 크게 두 가지로 구분된다. 첫 번째는 사고나 업무 과실에 대한 사유를 기록해 올리는 사전적 의미대로 기재된 문서다. 이 경우 사고나 비위 행위에 연루된 근로자는 사실의 확인, 일의 경위나 전말을 문서로 자세히 기재하여 상사에게 제출하는 것이 보통이다. 문제 되는 두 번째 종류의 시말서는, 위와 같은 일의 전말을 적으면서 재발 방지를 위해 그간의 사정과 함께 반성의 의미를 기재하는 반성문 혹은 사죄문으로서의 시말서다. 그러나 사전적 의미의 시말서와 반성문으로서의 시말서가 현실에선 무 자르듯 구분 되는 것은 아니다.

특히 보통의 회사는 취업 규칙 등에 징계 처분을 당한 근로자는 시말서를 제출하도록 규정하는 경우가 많은데 시말서 제출을 요구받는 근로자는 자연스럽게 자신의 과실로 인해 발생한 일의 결과를 기재하면서 자신의 잘못을 적시하게 되기 때문이다. 문제는 앞서 이 대리와 같이 자신의 잘못이 아닌 일의 경위에 대해서 시말서를 강요받는 경우에 발생한다. 합리적인 대응을 하는 이 대리에게 두 가지 옵션이 주어질 수 있는데 첫째, 시말서를 무미건조한 육하원칙으로 클라이언트 회사 정책에 따른 계약 해지된 사실만을 기재한 경위서를 제출하거나 둘째, 아예 시말서 작성과 제출 자체를 거부하는 것이다.

그런데 반성문으로서의 시말서 제출 명령은 정당한 것일까. 회사 혹은 상사는 일의 잘못을 이유로 근로자로 하여금 '자신이 잘못했다'는 의사의 표시를 당연하게 요구할 수 있을까? 그렇지 않다. 그것은 〈헌법〉상 기본권인 양심의 자유에 정면으로 반하는 행위이기 때문이다. 〈헌법〉 제19조는 "모든 국민은 양심의 자유를 가진다"고 선언하고 있는데 여기서 보호받는 양심의 자유에는 자신의 의사에 반하여 잘못을 인정하는 것까지 포함한다.

따라서 취업 규칙에 사용자가 비위 행위 등을 저지른 근로자에게 시말서를 제출하도록 명령할 수 있다고 규정하는 경우, 그 시말서가 단순히 사건의 경위를 보고하는 데 그치지 않고 더 나아가 근로관계에서 발생한 사고 등에 관하여 자신의 잘못을 반성하고 사죄한다는 내용이 포함된 사죄문 또는 반성문을 의미한다면 이는 〈헌법〉이 보장하는 내심內心의 윤리적 판단에 대한 강제로서 양심의 자유를 침해한다. 따라서 해당 취업 규칙 규정 자체가 〈헌법〉에 위반되므로 그 효력이 없고 그에 근거한 사용자의 시말서 제출 명령 자체가 업무상 정당한 명령으로 볼 수 없다(대법원 2014. 6. 26. 선고 2014두35799).

결국 이 대리는 실질적 반성문의 성격을 띠는 시말서 제출을 정당하게 거부할 수 있으며 말 그대로 무미건조한 사실만 기재한 경위서를 제출할 의무를 이행하기만 하면 된다(물론 회사 생활에서 상사의 괴롭힘이 그것으로만 그치는 것은 아니겠지만 말이다).

사실 시말서 제출 요구 자체로 어떤 징계 처분이 되는 것도 아니고, 해당 근로자에게 불이익한 인사에 해당하는 것도 아니다. 그러나 이후 누적적으로 불이익한 효과를 받을 수 있다. 다시 말해 지각이나 업무 지시 불이행 등 사소한 문제로 제출된 시말서가 몇 장 쌓이게 되면 그것을 이유로 회사가 본격적으로 징계 절차로 나아갈 수 있는 것이다.

실제 사무실 현장에서 문제되는 것은 동일한 잘못에 대하여 어떤 근로자에게는 회사가 시말서를 요구하고 다른 자에게는 어물쩍 넘어가는 경우들이다. 회사가 행사하는 징계권이라는 재량적 처분은 그 범위를 판단하기 매우 어려운데 그에 앞서 행해지는 시말서 제출 요구 행위에서는 더더욱 공정성과 합리성을 판단하기에 애매한 경우가 많다. 이때 자신만 시말서 제출을 요구받은 근로자가 '왜 나와 비슷한 행위를 한 저 동료에게는 시말서를 받지 않는가'라고 따질 수도 없는 경우가 많다.

우리가 회사를 다니면서 징계를 받는 경우는 매우 드물다. 소송 실무에서는 회사와 '적대적 근로관계'인 노동조합 간부나 내부 고발자가 아니면 흔히 접하기 어려운 사례이기도 하다. 그럼에도 불구하고 우리는 징계 절차와 관련 규정을 알고 있어야 한다. 근로자는 회사의 사정에 따라 언제든 어떠한 처분도 받을 수 있는 영원한 을의 위치, 지위에 있기 때문이다. 회사 인간의 슬픈 운명에서 노동법 지식은 부당한 징계 절차에 대항할 수 있는 유일한 방패가 된다.

5장

일그러진 오피스의 나날

사무실에서 죽어 간 사람들

우리는 도대체 무엇을 위해 일을 할까? 일 자체가 주는 효능감
도 있지만 일이 추구하는 무형적 가치도 일의 목적이 된다. 하
지만 일반적으로 유급 노동으로서 소득을 확보하고 생계의 기
반을 마련하는 수단적 의미가 가장 크다고 할 수 있다. 만약 무
급 노동이 우리에게 '일'로 주어지는 경우 어떤 가치를 스스로
에게 부여하고 하루 8시간씩 해 나갈 수 있겠는가.

법률 조항도 일의 이러한 속성을 가리키고 있다. 〈근로기
준법〉상 근로자의 정의는 '직업의 종류와 관계없이 임금을 목

적으로 사업이나 사업장에 근로를 제공하는 자'를 말한다(근로기준법 제2조 제1항 제1호). 일을 하는 데 수많은 이유가 있겠지만 법률은 '임금을 목적'으로 하는 것만을 예정한다. 실제로도 돈을 위해 일하는 경우가 그렇지 않은 경우보다 많기에 이 정의가 세속적 의미에서도 틀렸다고 말하기는 어렵다. 결국 일은 돈을 받고 생계를 영위하기 위한 수단이 아닌가.

그런데 일을 하다 회복하기 어려울 정도로 건강이 나빠지는 경우나 심지어 목숨을 잃는 사고들을 접할 때 일의 의미에 대한 근본적인 질문에 빠지게 된다. 일을 하다가, 혹은 일로 인하여 건강을 잃거나 심지어 죽는 경우 우리 인생에서 일을 어떻게 평가해야 할까. 뉴스에서 접하는 일터에서의 죽음은 대개 사업주의 안전 조치가 미흡한 경우이다. 고층 빌딩 건설 현장이나 위험한 화학 약품 공장에서 사용자가 법령을 준수하지 않는 환경을 제공하고, 그곳에서 일하다가 당하는 사고들이다. 이렇게 눈으로 위험이 보이는 작업장과 달리 물리적으로 안전한 사업장이라고 볼 수 있는 깨끗한 사무실에서 일하는 화이트칼라들은 '일하다 죽거나 다치는 경우'와 무관할까?

그렇지 않다. 현실에서 마주하는 화이트칼라들의 비극은 한층 복잡하고 다층이다. 나아가 개인적이고 우발적인 사고가 아닌, 사회적 죽음들과 연결되어 있다.

사회적 통념과 달리 한국의 사무직 근로자들은 회사 정책이나 직장 내 괴롭힘으로 정신 질환에 걸리거나 그로 인해 자살을 하는 극단적인 경우가 제법 많다. 물리적인 작업 환경의 열악함으로 인한 사망 사고가 아니라 보이지 않는 정책과 악질적인 상사에 의해 우울증에 빠진 후 스스로 목숨을 끊는 것이다. 물리적인 위험으로 사상 사고에 이르는 블루칼라와 다를 뿐이다. 2015년《한겨레》보도 *에 따르면 다른 직종이나 직군보다 화이트칼라 관리직의 우울증 등으로 인한 자살 증가율이 급격하게 증가하고 있는데 최근 10년간 고학력 전문·관리직 자살자 수는 일반 근로자 자살자 수의 6배나 되며 이들이 전체 자살자에서 차지하는 비율은 5배 가까이 증가했다고 한다.

겉보기에 위험하지 않은 사무실에서 죽거나 다치는 이 특별한 근로자들이 마주하는 장면을 거칠게 요약하면 이런 장면이 아닐까. 12년간의 억압적 교육을 뚫고 겨우 취직한 후 맞닥뜨리는 현실이 냉혹한 교실보다 더 차가운 인사 시스템의 굴

● "경쟁 압박감에… 스러지는 고학력 전문·관리직"《한겨레》2015.01.19. 14면

레이고, 그것을 따라가다 탈락하거나 좌절하게 된 후에는 우울증과 죽음에 이르는 삶, 즉 회사 인간의 '단순한 삶'이다. 그들의 죽음은 회사라는 공간을 냉혹하게 설명해 주는 사회적 현상이며 단순히 예외적인 것으로 치부되기 어렵다. 자살이 결국 사회적 죽음을 의미한다는 사회학적 명제 때문만은 아니다. 그 죽음들은 정신적 고통을 당하고 있는 무수한 동료들을 대표하며 작업장 현실과 긴밀하게 구조적으로 맞닿아 있다. 죽음에 이르는 그 과정들을 보면 조직으로서의 회사가 그들을 관리하는 데 있어 일정한 패턴이 있다는 것을 알 수 있다. 이 지점에서 화이트칼라의 죽음과 우울증은 사회적 현상으로 이해되어야 한다. 그 죽음은 현실에 대한 커다란 울부짖음이나 적극적인 항의로 읽히기도 한다.

이미 한국 사회가 충실히 뒤를 밟고 있는 미국 사회의 경우, 화이트칼라 작업장에서 발생하는 극단적 사례가 다른 패턴으로 나타난다. 해고 혹은 징계를 당한 근로자가 자동 소총을 들고 직장을 찾아가 자기 동료들을 집단 살해하고 자살을 하는 극단적인 사건들이 종종 발생하는 것이다. 언론 보도를 통해 우리는 왕따를 당한 청소년에 의한 교내 총기 사고 케이스를 주로 알고 있지만, 범행 동기에 있어 더 비극적이고 경우에 따라 더 많은 희생자를 보이는 이 회사 내 총기 사고는 미국 회사 문화의 다른 면모이기도 하다. 해고를 당한 미국 노동자가 그 분노를 외적으로 표시하고 항의를 밖으로 분출한다면 한국의 근로자들은 반대로 그 칼을 조용히 자신에게로 겨누는 차이가 있을 뿐이다.

성실함의 끝, 과로사

일하다가 얻은 우울증 등에 괴로워하다가 극단적인 선택으로서 자살을 하는 경우와 달리, 유사 자살이자 반^半자발적 자살이라 할 수 있는 과로사는 한국적 특수성과 화이트칼라 죽음의 다른 유형을 폭로한다. 죽도록 일하다가 뇌출혈이나 심장질환 같은 질병으로 조용히 자신의 방에서 죽음을 맞이하는 다른 형태의 반^半자살이다.

2018년 가을, 지방 지청의 한 검사가 새벽에 퇴근을 하다가 자택 엘리베이터에서 과로사 했다. 얼마 후 그의 장례를 마친 아내는 남편이 남긴 물건을 정리하다 낡은 수첩 속에서 '마음가짐'이라는 메모 글을 발견한다. 고인이 된 검사는 수첩 안에 '항상 남을 배려하고 장점만 보려고 노력하자' '언제나 밝은 모습으로 지내자' '내 주변 사람들에게 언제나 친절하고 애정을 보이자' '생각을 바르게 그리고 똑똑하게 하자' '감사하자, 감사하자, 그리고 겸손하자…' 살면서 스스로 지키자고 다짐한 일종의 십계명이 적혀 있었다. 그 중 눈에 띈 하나는 '일은 열정적이며 완벽하게 하자'는 것이었다. 고인이 된 검사는 이것을 실제로 자신의 업무에 철저하게 실천했다고 한다. 보통 검사들이 인사철 자리를 옮길 때 처리하지 못한 미제 사건 70~80건 정도를 남기고 떠나는 반면, 그는 지난 1월 인사이동 무렵 후임에게 단 한 건만의 미제 사건을 남겨 두었고, 그마저도 무척 미안해했다는 것이다.

미제 사건을 남기지 않겠다는 그의 결심을 어느 누가 칭찬하지 않을까. 문제는 건강을 상하게 할 정도로 일을 해야만 맡겨진 일을 완수할 수 있는 만성적 초과 근로 상태이다. 일선 지방청 검사들은 법률상 정원 제한 문제로, 사건에 파묻혀 야근에 허덕이는 경우가 매우 많다. 과로사를 한 검사의 사례를 개인적 비극이라고 단정할 수 없는 이유가 여기에 있다. 장례가 끝난 후 다른 검사들은 고인의 미담에 대해 존경을 표할 뿐, 미제 사건을 뒤에 남은 검사에게 물려줄 수밖에 없는 노동 현실에 대한 항의나 분노를 표하지는 못했던 것 같다.

주문처럼 되뇌는 법 조항

화이트칼라들이 작업장에서 우울증에 빠져 자살을 하거나 과로 자살을 하는 것은 하나의 현실적 원인이 두 개의 비극적 결과로 발현한 것이다. 그리고 이와 같은 현실은 법률이 부여하는 사용자의 근로자에 대한 안전 의무를 다시 한 번 상기시킨다. 〈산업안전보건법〉 제1조는 "산업 안전, 보건에 관한 기준을 확립하고 그 책임의 소재를 명확하게 하여 산업 재해를 예방하고 쾌적한 작업 환경을 조성함으로써 근로자의 안전과 보건을 유지, 증진함을 목적으로 한다"고 하지만 이 법률 조항은 현실에서 사문화되어 있다.

　같은 법률 제26조는 사업주뿐만 아니라 근로자의 작업 중지권을 아래와 같이 명시하여 규정한다.

　① 사업주는 산업 재해가 발생할 급박한 위험이 있을 때 또는 중대 재해가 발생하였을 때에는 즉시 작업을 중지시키고 근로자를

작업 장소로부터 대피시키는 등 필요한 안전·보건상의 조치를 한 후 작업을 다시 시작하여야 한다.

② 근로자는 산업 재해가 발생할 급박한 위험으로 인하여 작업을 중지하고 대피하였을 때에는 지체 없이 그 사실을 바로 위 상급자에게 보고하고, 바로 위 상급자는 이에 대한 적절한 조치를 하여야 한다.

③ 사업주는 산업 재해가 발생할 급박한 위험이 있다고 믿을 만한 합리적인 근거가 있을 때에는 제2항에 따라 작업을 중지하고 대피한 근로자에 대하여 이를 이유로 해고나 그 밖의 불리한 처우를 하여서는 아니 된다.

〈산업안전보건법〉 제26조 작업중지 등

근로자는 근로 계약에 따라 근로를 제공하기 어려운 상황에서도 사용자의 지시나 사전 허락 없이는 반드시 근로를 제공해야 하는 의무를 부담한다. 몸이 너무 아파 출근이 거의 불가능할 정도여도 우리는 사규(취업 규칙, 인사 규정 등)에 따라 사전에 연차 휴가나 병가를 신청해 사용자로부터 결근 허락을 얻어야만 하루의 노동을 면할 수 있다.

그런데 〈산업안전보건법〉은 이러한 근로 제공 의무를 근로자에게 일시에 면하게 해 주는 매우 강력한 조항을 두고 있다. 이른바 근로자의 작업 중지권으로 해석되는 저 26조를 다시 읽어 보자. "산업 재해가 발생할 급박한 위험이 있을 때 또는 중대 재해가 발생하였을 때"에는 사업주가 근로자를 대피시킬 의무가 있으며, 사업주가 사업장 내의 급박한 위험을 인지하기 전에 근로자가 이를 먼저 알게 된 경우에는 같은 조 제2항에서 근로자의 작업 중지권도 인정하는 것이다.

근로자들은 작업장에서 "산업 재해가 발생할 급박한 위험"을 미리 알게 되었다고 스스로 판단할 때, 작업장을 떠날 권리와 자신의 근로 제공 의무를 면할 권리를 동시에 갖고 있다는 점을 반드시 숙지하고 있어야 한다. 업무상 재해란 업무상 사유에 따른 근로자의 부상·질병·장해 또는 사망을 말하며 (산재법 제5조) 단순히 작업장에서 물리적인 위험에 의하여 다치는 경우뿐만 아니라, 사업장 내의 비물질적 위험 요인으로 질병이 발생할 경우까지 포함할 수 있다. 백화점 매장에서 몰지각한 고객에 의하여 부당한 대우를 받거나, 콜센터 근로자가 보이지 않는 고객에 의해 폭언을 당하는 경우도 이러한 비물질적 위험 요인에 해당할 수 있고, 위 조항을 확대 해석하면 그러한 어려움에 처한 감정 노동자는 즉시 현장에서 벗어나 자신의 근로를 중단할 권리가 있다고 볼 수 있다.

나아가 지나치게 일이 많아 매일 밤 야근을 해야 하는 검사들이나, 직장 내 괴롭힘으로 일을 하기가 어려운 경우에도, 해당 근로자는 작업 중지권이라는 강력한 무기를 미리 알고 행사할 수 있어야 한다.

〈헌법〉이 보장하는 기본권에 따라 노동자는 단결하여, 노동조합을 설립하고 단체행동을 할 수 있다. 그러나 노동조합의 보호를 받지 못하는 대부분의 아무런 힘이 없는 개인에게, 급박한 위험에 빠졌을 때 강력한 힘을 발휘하는 무기는 저 〈산업안전보건법〉 제26조의 작업 중지권이 아니겠는가. 다시 한번 작업 중지권 조문을 읽고, 마음에 새겨 보자.

한편 우리가 마주치는 슬픈 현실은 무기력을 불러일으키곤 한다. 가장 약하고 힘없는 화이트칼라들이 자신의 죽음과 질병으로 조직의 가장 아픈 치부를 짧게 폭로하고 사라질 뿐, 그들의 항의는 우리를 전혀 움직이게 하지 않기 때문이다. 앞으로 살펴볼 노동자의 죽음과 아픔 들은 그들의 섬세한 내면이 아닌 이 시스템에 무감하게 기계화하여 적응한 우리들을 반성하게 만든다. 법원이 사례들을 어떻게 판단했는지 보고 이면의 이야기를 추적해 보면서 '조직의 보이지 않는 폭력'을 정확하게 직시해 보자. 이 사례들은 회사와 조직의 가장 아프고 연약한 부분을 적나라하게 보여 줄 것이다.

점심시간에 목을 맨 김 부장●

성공한 화이트칼라이자 성실한 근로자 김 부장은 이제 한숨을 놓게 되었다. 20여 년간 일한 금융 회사에서 성공의 증표로 불리는 자리인 지점장 자리에 이제 막 도달했기 때문이다. 김 부장은 지점장이 된 후에도 예전과 똑같이 일했는데, 언제나 남들보다 일찍 출근하고 가장 늦게 퇴근하는 '모범'을 보였다. 김 부장이 그렇게 바라던 지점장 자리가 요구하는 책임과 권한은 무엇이었을까. 회사는 지점장인 간부들에게 호락호락하지 않았고 오히려 더 가혹해졌다. 지점장들은 매월 또는 매 분기 단위로 영업 실적을 평가받았는데, 평가 실적이 부진한 경우 해당 지점장에게 그 대책을 보고하도록 하고 정기 인사 시 하위 등급 지점 자리나 무보직 연구 위원으로 전보하는 인사

● 이번 장의 사례는 법원의 판결을 기초로 일부 사실관계를 가공한 것이다.

상 불이익을 주는 것이 규칙이었다.

지점장이 되면 '무언가'를 누릴 것이라는 애초의 예상과 다르게, 김 부장은 하위 실적 지점장이 되지 않기 위해 밤낮없이 일했다. 우수 고객을 같은 지역 다른 경쟁사에게 빼앗기지 않기 위해 수시로 연락을 해 만나야만 했고, 그들의 공적·사적인 부탁을 언제나 들어주어야만 했으며 온갖 술자리를 통해 새로운 고객을 발굴해야 했다. 대출이 연체되는 불량 고객의 경우엔 반대로 온갖 방법을 쓰면서까지 채권을 남보다 먼저 회수해야 했는데, 심성이 착하고 약했던 김 부장으로서는 이런 역할 자체를 감내하기 어려웠다. 그는 지점장이 되고 나서 오히려 날이 갈수록 시들어 갔다.

처음 영업을 맡았던 지점은 경기가 좋은 탓이 크기도 했고 진심을 다해 고객을 대하고 그들에게 인간적으로 정직한 자세를 유지하는 김 부장의 태도로 우수 지점으로 뽑히기도 했다. 불행히도 두 번째 지점은 그렇지 못했다. 경기는 급격히 악화되었고 경쟁 지점들의 전투적인 마케팅으로 김 부장 지점의 실적은 악화되기만 했다. 회사는 그해 몇 차례 실적이 부진한 지점을 대상으로 대책 보고를 지시했는데 마침내 김 부장이 근무했던 지점도 대상에 포함되었다.

회사로부터 어떠한 심한 질책이나 상사의 괴롭힘을 당한 것은 아니었다. 그러나 실적 부진 지점으로 선정된 것 자체가 그에게 엄청난 스트레스를 주었다. 몇 달간 업무상 스트레스에 시달리던 김 부장은 참지 못하고 결국 정신과 의원을 내방했고 우울증 진단을 받게 된다. 그는 더 버틸 수 없었을까? 병원의 진단을 받은 지 얼마 되지 않아 김 부장은 회사를 출근한 후 점심시간에 잠시 외출하여 스스로 목을 맨다.

과한 업무 스트레스

일에서 얻은 우울증으로 자살하는 것은 〈산업재해보상보험법〉(이하 〈산재법〉)의 '업무상 재해'(이를 줄여서 '산재'라고 하자)로 인정될 수 있을까. 화이트칼라의 자살이 산재로 인정되기 위해서는 여러 가지 힘든 관문을 모두 거쳐야만 한다.

법률은 이렇게 규정하고 있다. 〈산재법〉 제5조 제1항은 업무상의 재해를 "업무상의 사유에 따른 근로자의 부상, 질병, 장해 또는 사망을 말한다"고 규정하지만 업무상의 재해 인정 기준에 대하여 제37조 제2항은 "근로자의 고의·자해행위나 범죄행위 또는 그것이 원인이 되어 발생한 부상·질병·장해 또는 사망은 업무상의 재해로 보지 아니한다. 다만, 그 부상, 질병, 장해 또는 사망이 정상적인 인식능력 등이 뚜렷하게 저하된 상태에서 한 행위로 발생한 경우로서 대통령령으로 정하는 사유가 있으면 업무상의 재해로 본다." 이어서 법률의 위임을 받은 〈산재법〉 시행령 제36조는 "업무상의 사유로 발생한 정신 질환으로 치료를 받았거나 받고 있는 사람이 정신적 이상 상태에서 자해행위를 한 경우" 등을 산재로 인정하고 있다.

〈산재법〉과 그 시행령의 취지는 원칙적으로 고의로 인한 자살은 산재로 보기 어렵지만 업무가 원인이 되어 발생한 정신 질환이 인정되는 경우에는 예외적으로 산업 재해로 인정하겠다는 데 있다. 이 법률 규정 자체가 잘못되었다고 말하기는 어렵다. 모든 자살 사고를 산업 재해로 인정하는 것이 일하다가 다치는 사람을 보호해 주려는 〈산재법〉의 보호 범위도 아니며, 자살이라는 개인의 극단적인 행위는 매우 복합적인 원인을 갖는 사건이기 때문이다. 따라서 〈산재법〉의 규정과 취지에 따라 법원은 업무상 원인에 따라 '정신적 이상 상태'라는 결과가 발생하는 것과 그 이상 상태로 인해 자살이라는 결과

가 발생하는 이중의 인과 관계를 요구하게 되었다.[●]

　〈산재법〉 개정 전의 상황을 감안하더라도 법원은 근로자의 자살을 산재로 인정하는 데 매우 인색했다. '근로자가 자살한 경우에도 자살 원인이 된 우울증 등 정신 질환이 업무에 기인한 것인지는 당해 근로자의 건강과 신체 조건 등을 기준으로 판단하게 되나, 당해 근로자가 업무상 스트레스 등으로 인한 정신 질환으로 자살에 이를 수밖에 없었는지는 사회 평균인의 입장에서 판단해야 한다'는 판결이 대표적이다(대법원 2012. 3. 15. 선고 2011두24644 판결). 업무가 우울증을 발생시켰는지는 근로자 개인을 기준으로 판단하지만 그 우울증이 자살의 원인인지는 '사회 평균인'을 기준으로 판단해야 한다는 것이다. 이와 같은 판단 기준은 결국 산재로서의 자살 사건을 인정하기 매우 까다롭게 만드는 데 일조했다.

　이와 태도를 달리하여, 다른 판결에서는 '망인이 우울증을 앓게 된 데에 망인의 내성적이고 소심한 성격 등 개인적인 취약성이 영향을 미쳤다고 하더라도 업무상의 과로나 스트레스가 그에 겹쳐서 우울증이 유발 또는 악화되었다면 업무와 우

● "업무와 자살 사이의 상당 인과 관계의 판단기준" (권오성, 『노동법학』 제63호)

울증 사이에 상당 인과 관계를 인정함에 아무런 지장이 없다'고 판단하기도 한다(대법원 2011.6.9. 선고 2011두3944 판결).

김 부장의 사건에서 산재 인정 여부의 쟁점이 된 부분은 회사의 괴롭힘이나 상사의 집요한 추궁 같은 개인적이고 특수한 사정이 없음에도 불구하고 그가 자살에 이른 점을 어떻게 판단할 것인지와 관련된 것이었다. 물론 이 사건에서 회사의 직접적인 괴롭힘이 없더라도 매월 또는 매 분기 단위로 영업 실적을 평가하는 것과 평가 실적이 부진한 경우 대책을 보고하도록 하거나 정기 인사 시 하위 등급 지점 자리나 무보직 연구 위원으로 전보하는 인사상 불이익을 주는 제도 자체를 문제라고 지적할 수는 있다.

업무와 죽음의 관계

산재 인정에 대한 다른 판례는 '근로자가 자살한 경우, 업무로 질병이 발생하거나 업무상 과로나 스트레스가 그 질병의 주된 발생 원인에 겹쳐서 질병이 유발 또는 악화되고, 그러한 질병으로 인하여 정상적인 인식 능력이나 행위 선택 능력, 정신적

억제력이 결여되거나 현저히 저하되어 합리적인 판단을 기대할 수 없을 정도의 상황에서 자살하였다고 추단할 수 있는 때에는 업무와 사망 사이에 상당 인과 관계를 인정할 수 있다. 그와 같은 상당 인과 관계를 인정하기 위해서는 자살자의 질병 또는 후유 증상의 정도, 그 질병의 일반적 증상, 요양 기간, 회복 가능성 유무, 나이, 신체적·심리적 상황, 자살자의 주변 상황, 자살에 이르게 된 경위 등을 종합적으로 고려하여야 한다'고 하며 일반적인 기준을 제시한다(대법원 2014. 11. 13. 선고 2012두17070 판결). 이와 같은 일반론은 실제 구체적인 사례에서 법원에 의하여 달리 해석되기도 한다. 김 부장 사건에서 1, 2심 하급심 판결과 대법원은 결론을 달리했다. 하급심에서 그의 자살은 산재로 인정받지 못했지만 대법원이 산재 인정을 한 것이다.

하급심은 김 부장이 근무하면서 어느 정도 스트레스나 압박감을 받았던 것으로 볼 수 있긴 하지만 20년 이상 해당 회사에 근무했고 과거에도 지점장으로 일을 한 경험이 있기 때문에 해당 업무와 근무 환경에 어느 정도 적응이 되었을 것으로 먼저 판단했다. 그리고 그가 다른 지점장들에 비해 지나치게 과다한 업무를 수행했다거나 회사로부터 지속적인 압박과 질책을 받는 등 특별히 가혹한 환경에서 근무하였다고 볼 만한 자료가 없는 점 등에 비추어 그 업무상 스트레스가 객관적으로 우울증을 유발하거나 심화시킬 정도로 극심한 것이라고 보기는 어렵다며 업무와 우울증 발병의 인과 관계를 인정하지 않았던 것이다.

그러나 대법원은 김 부장 사건을 다르게 판단했다. 김 부장이 지점장 부임 후 영업 실적 등에 대한 업무상 부담과 스트레스로 중증의 우울병을 겪었고, 스스로 정신과 의원을 찾아 치료를 받았음에도 계속된 업무 부담으로 중압감을 느낀 나머지 증세가 급격히 악화되었다고 본 것이다. 그리고 자살과 우울증 사이의 인과 관계에 대하여도 다른 지점장들에 비해 지나치게 과다한 업무를 수행했다거나 회사로부터 특별히 가혹한 질책을 받은 것이 아니어서 업무라는 객관적인 요인 외에 김 부장의 내성적인 성격 등 개인적인 취약성이 자살을 결의하게 된 데에 일부 영향을 미쳤을 가능성이 있다고 하더라도 산재로 인정될 수 있다고 본 것이다. 대법원 판결이 진일보한 것은 업무로 인한 우울증, 그 인과 관계의 판단에서 일반인이 아닌 해당 개인을 기준으로 제시하고 이를 적용한 데 있다.

약자는 막을 수 없었다

'이타적 자살'로 스스로 생을 마감한 근로자의 경우는 어떤가. 김 부장의 사례는 과거 법원 판결과 달리 회사의 가혹한 정책이나 상사의 괴롭힘이 없다고 하더라도 회사의 업무로 개인적인 기질에 따라 우울증이 발병하고 자살에 이른 것을 산재로 인정한 경우였다. 이와 달리 자신의 업무가 아닌 다른 사정이 더 크게 작용하여, 즉 다른 근로자들의 사정을 배려하여 자살에 이르는 이른바 이타적인 사유로 자살하는 근로자의 경우에도 산재가 인정될 수 있을까.

이 팀장은 한국 전력 공사(한전)과 위탁 계약에 있는 한 회사에 입사하여 전기 사용량 외근 검침 업무를 총괄하는 직무를 담당하고 있었다. 외근 검침원들은 고객을 방문하여 전기 사용량을 점검하는 일을 하는데 한전이 2014년 검침원의 방문 없이도 전기 사용량을 확인할 수 있는 원격 검침 시스템을 도입하면서 일이 줄어든 외근 검침원의 경우 직업을 잃을 상황에 놓이게 된 것이다.● 인원 감축 대상을 선정해야 하는 외

● "동료 구조조정 업무 피로워… '이타적 자살'도 산재 인정" 《한겨레》 2018.06.14. 21면

근 검침원 책임자였던 이 팀장은 구조 조정 업무에 대한 중압
감을 이기지 못하고 스스로 목숨을 끊었다. 그는 직장 동료들
에게 남긴 유서에서 "원격 검침 시행은 착착 진행되고 7명의
일자리가 없어진다. 시작에 불과하겠지만 힘없는 약자는 막을
수가 없네. 하찮은 하소연이지만 나비 효과가 되어 원격 검침이
보류된다면 더 바랄 게 없겠습니다"라고 적혀 있었다고 한다.

이 팀장은 사망 1년 전에 이미 수면 장애, 우울병 장애 등
을 진단받고 주기적으로 약물치료를 받고 있었다. 그러나 산
재 인정 여부를 판단하는 근로 복지 공단의 자문 의사들은 이
팀장의 사망과 관련하여 산재 인정이 어렵다는 소견서를 작성
하였다. '이 팀장의 업무상 스트레스가 자살에 이를 만큼 중한
우울 증상을 초래했다고 보이지 않는다. 이 팀장의 불면증은
업무와 관련하여 발생한 것으로 보이지 않고, 특히 자살에 이
를 만한 정신 질환 상태를 특정할 수 없다. 이타적 자살은 판단
력 상실에 따른 불가피한 선택으로 보기 어렵고, 아직 인원 감
축이 일어나지 않은 상태에서 나비효과를 기대하여 자살한 것
은 병적 상태이거나 판단력 상실로 볼 수 없다'는 것이었다.

반면 1심 소송의 감정인 의사는 산재 판정 자문 의사들과
다른 판단을 내리고 이것이 1심 판단에 결정적인 역할을 한 것

으로 보인다. 먼저 1심 감정의는 '이 팀장이 겸침 총괄 업무를 맡은 시점인 2011년은 신체적으로 건강했던 망인이 불면증 등 정신 건강의 문제를 호소한 시점과 비슷하여 업무와 망인의 정신 건강 문제 사이의 시기적 관련성을 유추할 수 있다'는 점을 주목하였다. 그리고 '이 팀장이 직장 동료들에게 남긴 유서에서 상부에서 지시한 원격 겸침 사업 시행에 따른 인원 감축 및 업무의 어려움을 호소하고 있다. 유서에는 토로 및 하소연, 고발 및 탄원의 내용이 포함된 것으로 미루어 망인이 억울하고 막막한 심리 상태였을 것으로 추정되며, 망인이 직장 내 업무 등에 기인한 스트레스 및 우울증 등의 정신 질환으로 자살한 것으로 보인다'고 결론을 내린 것이다.

이후 1심은 당사자들이 항소하지 않아 그대로 확정되었다. 이 판결은 구조 조정을 담당해야 하는 자가 부담을 이기지 못하고 자살에 이르렀을 때, 그것은 회사의 책임일 수 있다는 점을 확인해 준 것은 아니다. 다만 이타적인 이유에 의한 극단적 선택의 경우도 산업 재해를 인정했다는 점에서 큰 의미가 있다.

눈에 보이지 않는 위험

화이트칼라들의 정신 질환이나 자살 사례의 경우, 우리 사회의 일반적인 편견이 법원의 판단에도 그대로 반영되어 산업 재해로 인정받기 무척 어렵다. 법원은 업무상 재해의 인정 기준에 관하여 〈산재법〉 제37조 제1항의 '업무상의 재해'를 해석함에 있어 '업무 수행 중 그 업무에 기인하여 발생한 근로자의 부상·질병·신체장애 또는 사망을 뜻하는 것이므로, 업무와 재해 발생 사이에는 상당 인과 관계가 있어야 한다'고 선언한다. 그러나 법원 역시 이 인과 관계의 인정과 관련하여 화이트칼라 근로자들에게는 매우 불리하고 좁은 범위에서만 인정하고 있다.

산업 재해를 1차적으로 판단하는 근로복지공단 역시 법원의 태도와 다르지 않다. 근로복지공단의 정신 질환 산재 승인율은 2011년 21.4퍼센트, 2012년 42.7퍼센트, 2013년 39.3퍼센트, 2014년 36.7퍼센트, 2015년 38.7퍼센트로, 매년 50퍼센트를 넘긴 적이 없다. 대부분 블루칼라로 추정되는 '사고로 인한 산재' 승인율이 94.2퍼센트이고, 전체 질병으로 인한 산재 승인율이 60퍼센트인 점을 감안하면 많은 화이트칼라가 포함되는 정신 질환 산업 재해의 인정 비율은 매우 낮다는 것이 확인된다.

　김 부장이나 이 팀장 사례와 같이, 눈에 보이지 않는 위험이라고 할지라도 사업장에서 받는 화이트칼라 개인이 받는 피해는 그것 자체로 실존하는 것이다. 내면의 다층적 괴로움과 구조적 압박 사이를 따지며 그 피해를 인정해야 한다. 따라서 화이트칼라들의 이 사고들은 지금보다 더 폭넓게 산업 재해로 인정되어야 한다.

가학과 피학의 관계론

법원이 화이트칼라의 산업 재해 인정을 소극적으로 하는 경향을 보이는 것은, 재해의 성격이 눈에 명확하게 보이는지 여부가 작용하는 것으로 보인다. 이는 사건의 원인을 파악하는 '인과 관계'에 대한 법원의 사실 확정과 관련이 있다. 즉 블루칼라가 작업 현장에서 위법한 산업 장치나 안정 장비 미착용으로 인해 장해를 입는 경우에는 그 원인을 비교적 뚜렷하게 파악할 수 있으나, 화이트칼라의 사무실은 그에 비해 복잡한 지시와 감독에 따라 업무가 추상적인 영역에서 이뤄지기 때문에 이를 파악하기 어려운 난점이 있는 것이다. 앞서 소개한 화이트칼라 근로자의 자살 사고의 경우에도, 회사의 잘못된 정책이나 과도한 업무처럼 숫자로 측정되기 어려운 지점이 우울증 원인으로 인정되어야만 그 이후의 사망이 산업 재해인지 아닌지 검토라도 할 수 있다.

자살 사망 사고의 경우에는 재산으로 가치를 매길 수 없는 피해자의 생명이 사라진 중대 사건에 해당하므로, 가해자에 해당하는 회사나 상사가 피해자를 위한 구제에 일말의 책임이나 수습책을 마련하기 마련이다. 그러나 화이트칼라 근로자가 회사의 비인격적 대우나 상사, 동료 등의 집단 따돌림 등에 의하여 정신적 피해를 받는 경우에는 피해자의 구제 방법은 더욱 요원해질 수 있다.

사무실 소시오패스

타인의 감정에 무감각한 반면 자신의 직무 성과를 미친 듯이 추구하는 폭력적인 성향을 보이는 소시오패스 상사를 경험한 적이 있는가. 앞서 본 것처럼, 회사 조직 내에서 상사·부하의 수직 관계는 나름의 가학·피학의 구조를 갖고 있는 것이 보통이지만 그 안에도 인간관계 나름의 원칙과 규범이 작용하기 마련이다. 아무리 가부장적이고 폭력적인 군대 문화를 갖는 조직에서도 상사가 부하에게 업무 지시를 할 때에는 예절을 갖추어야 하고, 그럴 때에만 그 상사 역시 부하 직원을 통해 자신의 업무 성과를 내고 다른 조직으로 이동하거나 추가적인 승진을 기대할 수 있기 때문이다.

그런데 상사 개인의 인격적 결함으로 인해 어떠한 긍정적 리더십을 보이기는커녕, 부하에 대해 업무 지시를 넘어 직무상 괴롭힘으로 나아갈 때 부하 직원은 마음의 상처를 넘어서 인격이 파괴되어 버리는 사례가 발생하곤 한다(우리가 회사를 그만두는 진짜 이유 중 많은 부분은 사실 '소시오패스' 상사 때문이 아닌가). 그러나 아무리 심한 사례라 할지라도 그러한 상사의 행위에 대해 근로자가 어떤 가해 행위를 하였는지 피해자 근로자가 어떤 피해 사실을 입었는지를 입증하여 이를 법원을 통해 구제받는 것은 현실에서는 매우 어려운 일이다. 그런데 최근 소시오패스 상사를 검사가 기소하여 형사 처벌을 한 사건이 발생했다.

서울중앙지검은 2018년 해외 공관의 총영사를 상해 혐의로 기소를 하였는데, 해당 영사는 2016년 3월부터 약 1년 반에 걸쳐 공관 여비서인 피해자에게 "개보다 못하다", "머리가 있는 거니 없는 거니", "뇌 어느 쪽이 고장났어"와 같이 수십 차례 폭언을 한 혐의를 받고 있었다.

(2018. 5. 31. 국민일보)

보통 화이트칼라 작업장에서 상사의 폭언이나 욕설을 녹음할 수 있는 경우가 흔하지 않은 것은 그러한 행위가 너무 우발적으로 발생하기 때문이다. 피해자로서는 미처 준비하기 힘들다. 사례의 피해자는 반복적인 피해를 받다가 작심을 하고 녹음을 한 것처럼 보인다. 이 사례에서 검찰이 기소를 할 수 있었던 결정적인 증거는, 피해자인 비서가 참다못해 휴대용 녹음기로 상사의 폭언과 욕설을 녹음한 자료였다.

아마도 수사 검사는 이 사건을 처리하는 데 어떤 법 조항을 적용할 것인지를 두고 고심했을 것이다. 보통 폭언이나 욕설을 하는 경우 제3자가 이를 들을 수 있으면 모욕죄로 처리하는 것이 일반적인데 이 경우, 가해자 총영사와 피해자 비서 이외에 다른 사람은 없었기 때문이다. 이때 검사가 확인한 것이 비서가 극심한 스트레스로 우울증이 생겨 일본 병원에서 '6개월간의 가료를 요한다'는 진단을 받은 사실이었다. 검사는 비서에게 관련 병력이 없는 상황에서 상사의 폭언과 우울증 간에 인과 관계가 성립한다고 판단했고, 이러한 지속적 폭언이 상해죄에서 신체의 생리적 기능에 장애를 일으키는 것에 해당한다고 보았다. 이러한 검토 끝에 검사는 총영사를 상해죄로 기소할 수 있었고, 법원이 이를 유죄로 판단하게 되었다. 검사는 상사인 총영사가 비서의 손등을 때리거나 볼펜을 얼굴에 던지는 등 수차례에 걸쳐 물리적 폭행을 한 사실도 있어 폭행죄로 기소하기도 했다. 결국 심리 끝에 1심 법원은 총영사에게 상해죄에 대해 유죄를 인정하였고, 징역형을 선고하게 되었다.

이 사례의 피해자가 다른 요건을 만족시킨다면 근로 복지 공단에 우울증 발병에 대해 산업 재해 신청을 할 수 있고, 형사 재판 결과 자체를 증거로 사용하는 경우 충분히 산재 인정도 받을 수 있을 것으로 보인다.

꼼꼼히 기록할 것

회사 동료의 모함과 욕설에 시달리다가 스트레스 장애가 생긴 경우를 산재로 인정한 사례도 존재한다. 사회 복지 재단에서 근무하던 현우 씨는 동료 준범 씨로부터 '재단 업무용 컴퓨터와 자신의 외장 메모리에 저장돼 있던 장애인 관찰 일지 파일을 함부로 지웠다'는 이유로 욕설 등 모욕적인 언행을 들었다. 억울한 현우 씨는 자신이 한 일이 아니라고 항변했지만 소용없었고, 준범 씨는 또 다른 혐의를 덧붙여 비난의 강도를 높였다. 현우 씨가 담당 구역 청소를 마친 후 직원들이 청소할 때 신는 장화에 일부러 물을 채워 넣었다고 비난한 것이다. 준범 씨의 지속적인 폭언과 몰아붙이기식 괴롭힘으로 괴로워하던 현우 씨는 정신과 병원을 찾았고, 이곳에서 스트레스 장애 진단을 받았다.

현우 씨는 먼저 산재 인정을 받기 위해 요양 승인 신청을 근로 복지 공단에 했지만 공단은 스트레스 장애가 임상적으로 불분명하고, 현우 씨가 동료에게 당한 사례가 통상 업무에서 있을 수 있는 갈등으로 취급하여 승인을 거절했다. 현우 씨는 공단의 처분에 불복하여 행정법원에 소송을 제기했는데 법원은 공단과 다르게 판단했다. 그의 스트레스 장애를 산업 재해로 인정한 것이다. 다음과 같은 이유였다.

먼저 원래 현우 씨가 정상적으로 근무를 했는데 동료로부터 모함과 욕설을 당하고 자신에 대한 좋지 않은 소문으로 대인 관계에 신뢰감을 상실하게 되었다. 이를 회사가 미온적으로 대처하는 과정에서 스트레스 장애가 발병했다는 사실을 인정한 것이다. 그리고 현우 씨가 동료로부터 명예 감정을 손상하는 말과 폭언을 듣게 된 계기는 장애인 관찰 일지의 작성 및 삭제, 업무 과정에서의 물건의 도난 등과 관련된 것인데 이 일들이 현우 씨의 업무와 밀접한 관련이 있다고 판단했다. 나아가 이러한 업무 관련 사건들이 현우 씨의 직장 내 인간관계 또는 직무에서 직접 비롯되거나 그 안에 잠재되어 있는 위험이 현실화된 것이며 직장 내 갈등의 크기 역시 일반적이지 않다고 결론을 내렸다.

다시 말해 근로복지공단이 준범 씨가 현우 씨에게 행한 부당한 대우와 폭언을 두고 보통의 작업장에서 일상적으로 발생하는 업무 갈등으로 '어느 정도 참아야 할 것'으로 인정한 것과 달리 법원은 이것이 업무로 인한 인간관계 또는 업무상 갈등이면서 '참기 어려운 것'으로 판단한 것이다.

우리가 회사에서 겪는 인간적 갈등의 크기는 어느 누구도 그것을 정량적으로 판단하기 어렵다. 교묘하고 치졸한 괴롭힘은 남의 눈에 보이지 않더라도 그것이 개인에게 치명적인 정신 질환을 유발할 수 있고 개인의 인격을 파괴해 버릴 수 있다. 법원은 준범 씨의 비인격적인 언행과 그를 방치한 회사의 책임을 물어, 현우 씨의 스트레스 장애를 산업 재해로 인정한 것이다.

회사는 근로자에 대한 보호 의무의 책임을 어느 선까지 져야만 할까. 사내 모든 인간관계에 대해 사용자가 이를 정확히 모니터링하고 예방하는 것은 현실적으로 가능하지 않다. 그러나 한 조직원이 또 다른 조직원을 향한 다분히 감정적인 조치, 명명백백한 부당한 행위를 이미 알고 있으면서도 이를 방치하는 것은 근로자에 대한 안전 배려 의무를 저버리는 행태로 취급되어야 한다. 사용자는 작업장에 이런 노골적인 괴롭힘의 연쇄에 단단히 속박되어 버린 근로자가 있다면 상황에 개입해야 한다. 이 의무는 근거 없이 도덕적인 책무를 다하라는 근로자에 대한 시혜적 조치가 아니다. '산업재해를 예방하고 쾌적한 작업 환경을 조성함으로써 근로자의 안전과 보건을 유지·증진'하는 것이 〈산업안전보건법〉에 의하여 사용자에게 마땅한 의무로 규정되어 있기 때문이다.*

명랑한 윤 대리

윤사이

회사원은 누구나 가슴에 사직서를 품고 산다

나는 부장님의 사직서를 찾아내
사장님 책상에 슬그머니 올려놓을 것이다

대리(代理).
명사. 남의 일을 대신하여 일을 처리함. 또는 그런 사람.
맡은 일이 남 일이라 남 일을 해내야 하므로
일자리를 그만둘 수 없다

사직서를 내면 퇴직금이 나온다
사직서를 쓰는 시간도 직무 시간이다
사직서를 내는 것도 큰 일이다

나는 작은 일이든 큰 일이든 가릴 처지가 아니다

대리이기 때문이다

부장님의 큰 일을 대신 수행하고 팀장님께 보고하고 부장님 대결

과장님 전결 사장님 완결

이번 달 실적은 윤 대리가 해낸다

남 일을 대신하느라 성과금 한 번 받은 적 없는 내가 내 일을 하고

성과금을 받는다

올해의 모범 사원

내가 연차를 내는 사이에 팀장님은 승진할 것이다

윤대리.

남의 일을 대신하여 일을 처리하는 사람.

4년제 대졸 토익 800점 학점 3.7 인문학적 소양을 지닌 신입 사원

회사원의 마음을 헤아려

사직서의 위치를 알아내고 대신 처리해주는 사람

● 2018년 제23회 이한열문학상 우수상

| 6장 |

회사 그만두는 법

안주하고 싶은 일상

서울 강남에 사는 젊은 부부가 있다. 남자는 30대의 나이로, 대기업 과장으로 일하는 고액 연봉 화이트칼라 노동자이다. 여자는 한때 연기를 전공하고 배우를 꿈꾸었지만 딸과 아들을 둔 전업주부가 되었다. 이들은 자녀 교육과 그들 자신의 윤택한 삶을 위해 서울 근교 전원주택 단지에 대출을 받아 아름다운 집으로 이사 왔지만 언제부터인가 삶은 삐거덕거리기 시작했다. 여자는 가사를 하며 극단에서 틈틈이 공연을 하지만 삶의 공허는 채워지지 않았고, 남자 역시 지루한 대기업 생활을 견디기 어려웠다. 이들은 언젠가부터 자신의 불만을 상대에게 전가하고 싸우기 시작하면서 관계가 점점 위태로워짐을 느낀다. 어지러운 감정 아래 잠재해 있는 불만의 뿌리는, 여자와 남자가 언젠가부터 '제대로 살고 있지 못한 느낌'과 맞닿아 있다. 남들이 보기엔 번듯해 보이는 삶의 외형이지만 실제 삶의 의미를 찾기 어려운 하루하루가 이어지는 것이다.

그러던 어느 날 삶의 돌파구를 찾기 위해, 그래서 제대로 살아 보기 위해 여자는 남자에게 모든 것을 버리고 캐나다로 이민을 가자고 제안한다. 캐나다에는 여자를 위한 일자리가 쉽게 구해질 것으로 보였고, 남자는 지루한 회사원 생활에서 벗어나 새로운 일을 탐색할 수 있을 것만 같았다. 그들의 계획은, 일단 이민을 가서 여자가 가족들을 부양하는 동안 남자는 적성에도 맞지 않는 대기업 과장 따위 때려치우고 진짜 자신이 원하는 것을 찾아보자는 것이었다. 그렇게 하면, 그들이 원하지만 찾지는 못한 '진짜 삶'을 살게 될 수 있을 것 같았다. 결국 부부는 공허한 일상을 벗어나는 데 합의했고 모든 걸 버리고 새로운 삶을 살기 위해 한국에서 가진 것들을 정리하기 시작했다.

결심과 함께 캐나다 이민을 차근차근 준비하기 시작할 즈음 '문제'가 생겼다. 그토록 다니기 싫어했던 회사에서 남자가 별생각 없이 진행했던 프로젝트가 상사로부터 큰 인정을 받게 된 것이다. 상사는 이민을 앞둔 그에게 특별 승진과 엄청난 연봉 인상을 제안했다. 남자는 이제 갈등한다. 한국에서의 삶, 대기업 과장 혹은 이제 곧 부장과 팀장이 되는 삶을 버리는 것이 그에게 주는 의미에 대해 다시 한 번 돌아보게 되었다.

이 이야기는 리처드 예이츠$^{Richard\ Yates}$의 1961년도 소설을 원작으로 하는 영화 〈레볼루셔너리 로드〉(2009) 이야기를 한국 현실에 맞게 각색한 것이다. 영화에서는 미국 뉴욕의 중산층 부부가 프랑스 파리로 이주하는 것으로 그려진다. 다시 우리 현실로 돌아와 보자. 당신이 남자 주인공이라면 어떤 선택을 할 수 있을까? 아내의 제안에 따라 과감하게 회사를 버릴 수 있을 것인가. 제도 안에서의 성공이 이제 막 보이기 시작한 회사에 남을 것인가.

회사가 자아실현의 기회를 제공해 주지 않는다는 사실쯤은 모두가 안다. 회사를 어느 정도 다닌 이라면, 지금까지 회사원으로 살았던 삶이 학창 시절 원래 꿈꾸던 자신의 모습이 아니라는 것을 '실체적 진실'로 알고, 앞으로의 회사 인생 경로 역시 따분하게 가늠해 볼 수 있게 된다.

그래서 평소 우리 모두는 약간 무감하게 살아가면서 삶의 리듬을 유지한다. 불안과 불만의 조각들을 조금씩 갖고는 있지만 삶의 현실적인 조건들로 하여금 그 고민들을 조용히 묻히도록 내버려 둔 채 하루의 일상을 사는 것이다. 회사원으로서의 삶에 불만족한다고 하더라도 다른 한편으론 정확히 무언지 모를 꿈을 위해 불확실한 삶을 살면서, 회사 밖에서 맞닥뜨릴 현실이 너무 두렵다. 특히 자신에게 부양해야 하는 가족이 있다면 이들은 우리에게 중요한 알리바이가 된다.

  그렇게 자신의 진짜 욕망을 억누르면서 살고 있다고 자위하거나 착각하며 하루를 보내곤 하는데, 용감한 당신의 배우자가 자신이 부양 의무를 다할 테니 진짜 원하는 삶을 찾아보라고 한다면 회사를 당장 그만둘 수 있을까? 〈레볼루셔너리 로드〉는 '우리가 회사를 다니는 변명으로 삼는 가장 중요한 이유가 사라진다면, 마음껏 우리가 원하는 대로 그러나 지금 갖고 있는 것을 버리고 살 수 있는 용기가 발휘될 수 있을까'라는 질문을 직접 던지고 있다.

퇴사라는 결단

'이 경제 위기의 시대에 굳이 왜 회사를 그만두어야 하는가'
'그 비현실적인 질문이 어떤 의미를 갖는가'라고 묻지 말자. 회
사 조직 구성원 각자가 가지는 친화도와 충성도는 가운데가
볼록하게 솟은 정규 분포 곡선의 형태로 나타날 텐데 축 처진
분포 곡선 양 극단에 위치하는 일군의 '비非조직주의자'들이야
말로 〈레볼루셔너리 로드〉가 말을 건네는 자들이기 때문이다.
이들은 대기업의 '충성! 성공!' 샐러리맨이 아니라, '지금 이곳
이 아닌 다른 곳' '내가 회사원이 아니었다면'을 끊임없이 고민
하며 하루를 버티며 고뇌하고 방황한다. 취업이 인생의 성공
으로 여겨지는 시대에 좋은 회사에 입사한 후에도 조직에 적
응하지 못하는 쉽게 이해하기 어려운 이 갈등의 실체는 무엇
인가?

　근로 계약은 단순히 근로자가 돈을 받고 일을 하는 것을
넘어 사용 종속성을 더 본질적으로 하는 계약 관계임을 다시
한 번 상기하자. 단순히 일을 지시하고 그 일을 수행하여 완성
할 것을 내용으로 하는 계약은 근로 계약과 구분하여 도급 계
약 또는 비정형 계약으로서 '프리랜서 계약'으로 불린다. 근로

계약과 프리랜서 계약의 가장 큰 차이는 매일 특정 장소에 출근하며 사용자의 지시에 따라 노무를 제공하고 상사로부터 업무 지시를 받는지 여부와 관련되어 있기 때문에 이 구분은 매우 중요하다. 한마디로 근로자는 일을 하는 데 있어 프리랜서보다 자유를 제한받는다. 단순히 일을 한다는 의미를 넘어 자유를 반납하고 이를 사용자에게 유보한다는 의미가 근로 계약 안에 더 많이 포함되어 있다. 근로 계약의 속성에는 시간과 공간에 대한 자유권을 일정 부분 유보하고 근로자의 신체적 자유에 대한 일정한 처분권을 사용자에게 부여한 것과 다름없는 것이다.

실제 내가 근로자로서 근로 계약에 따른 '속박을 받는다'는 것을 언제 처음 깨닫게 될까? 그것은 계약서의 문면을 읽고 이해하는 것으로부터 느껴지는 것이 아니라 계약의 당사자로서 개인이 조직과 회사, 혹은 상사에 종속되어 있다는 것을 몸과 마음으로 인식하게 되는 순간에야 체득되는 어떤 감정이다. 상사로부터 업무 지시를 받고 그 일을 제한된 시간과 조건 안에 수행해야 하는 한계를 느낄 때, 그리고 그렇게 부여받은 업무를 내가 회사를 그만두지 않는 한 벗어나지 못하리라는 자각을 할 때가 그 순간들이다. 이 과정에서 '인간관계가 조직 생활의 절반' '상사 복이 곧 회사 복' 같은 회사 격언을 몸소 확인하게 되고 그렇게 일과 조직 안에서 부대끼며 자신이 누구인지, 내가 진짜 원하는 것은 무엇인지를 한번 시험해 보는 과정이 회사 인간이 되기 위한 필수 조건이다. 일련의 재사회화라고 할 수 있는 프로세스가 곧, 근로 계약의 당사자로서의 개인을 자각하며 깨닫는 감정의 순간들이다.

초기 재사회화 과정에서 개인주의적 성향을 갖고 있거나 조직 충성도가 낮은 자들이 더 고민하고 방황하는 것은 회사라는 공간이 단지 '일하는 곳'이 아닌 것을 오직 입사 이후에야 비로소 몸을 통해 깨닫기 때문이다. 그것은 회사라는 조직 밖에서는 느낄 수 없다. 회사라는 공간은 개인의 개성을 인정해 주지 않으며 조직이 부여한 과업을 묵묵히 수행해야만 하는 인간형을 요구하기 때문이다.

주말만이 내 인생

입사하기 전에는 회사가 인생의 목적인 것처럼 면접관에게 그리고 우리 자신에게 거짓말을 하거나 잠시 속일 수 있었다. 그러나 입사 직후 본래의 자신을 느끼며 자기를 죽이지 않는 한 이상적인 회사 생활은 없다는 것을 인정하고 나면 하루의 거의 대부분을 보내는 회사의 일과 일상이란 것은 거대한 이물감으로 다가온다. 월요일부터 금요일까지 내 인생은 존재하지 않으며, 오직 금요일 저녁부터 일요일까지만 진짜 내 인생으로 여겨진다. 이제 회사는 내 삶의 거대한 수단이 되고, 버텨내야만 하는 실체가 되어 버린다. 그 순간, 회사 인간으로서 경제적 풍요와 함께 일상의 빈곤을 동시에 맛보게 된다. 매 순간, 회사 밖 진짜 내 모습과 회사 안 일하는 내 모습 사이의 괴리는 쉽게 해결되기 어렵다. 진짜 고뇌는 그렇게 20대 후반이나 30대 초반에 우리 모두가 시작하는 것이고, 진짜 선택이 시작된다. 회사를 그만둘 것인가, 계속 다닐 것인가.

달콤하고 구체적인 이익들

그 고뇌가 아무리 무겁고 회사 밖에서 하고 싶은 일에 대한 열망이 크다고 할지라도, 마지막 선택의 순간에 회사가 주는 달콤하고 구체적인 '이익들'은 최후의 결심을 가로막는다. 회사는 인사 컨베이어 벨트 위에 세운 냉정한 체제를 기본으로 하는 조직이지만 그 안에는 조직원들의 실제 생활을 가능하게 하는 급여와 복지, 안정된 신분과 소속감 등을 제공하는 안식처이기도 하다. 회사 밖을 바라보는 이상은 어렴풋하지만, 회사가 제공하는 실재가 너무 뚜렷하여 방황하는 자들은 과감하게 회사를 그만두지 못하고 이렇게 결론을 내리게 된다.

'회사에 다니는 동안 내가 회사에 자발적으로 충성할 필요는 없다' '이 회사가 주는 단물을 빨아먹다가 적당한 시기에 진짜 나의 인생을 살자'라고. 그러나 회사의 일상이 그렇게 호락호락하지만은 않다. 철모르는 사원·대리를 거쳐 조직의 과업에 대한 직접적인 부담을 느끼는 과장·부장 정도가 되면 이제 제대로 된 사내 정치와 함께 '목숨을 건 도약'을 해야만(혹은 그런 시늉이라도 해야만) 생존할 수 있는 냉혹한 시기가 필연적으로 도래하기 때문이다. 그렇게 시간을 보내다가 조직에서 중간관리자급이 되면 보통 마흔이 넘어가는 시기인데 이쯤 되면 조직 밖의 생활은 더 상상하기 어려워진다.

작은 반란자를 제압하는 장치들

영화 〈레볼루셔너리 로드〉 중 가장 인상적인 장면은, 남자 주인공 프랭크가 수십 년간 같은 회사를 다니다 은퇴한 아버지를 회상하며 자신은 '그렇게 살지 않겠다'고 다짐하는 부분이다. 그 역시 대기업 회사원 인생의 허무를 본능적으로 느끼고 있었고, 다른 한편 아버지와 같은 삶을 의지적으로 거부하고는 있다. 그러나 프랭크는 회사에서 진행했던 프로젝트에 작은 성공을 거둔 후 회사가 새롭게 제안한 승진과 연봉의 기회에 속절없이 퇴사 의지를 접게 되는 이중적 모습을 보이고 만다.

한때 그는 새롭게 시작할 인생에 대한 기대감에 한껏 부풀어 올라 그 계획을 동료들에게 거침없이 얘기하기도 했었다. 동료들은 프랭크에게 '지금 이 회사를 다니면서도 새로운 삶을 살아 볼 수 있는 것은 아닌지' 되물었지만 '회사 인간으로서 동시에 새로운 삶을 살 수는 없다'고 단정 지었다. 그렇게 확고했던 그의 의지가 좌절된 것에는 프랭크 개인의 의지가 약했다는 차원의 설명만으로는 왠지 부족하다. 실제 현실에서도 수많은 '프랭크'들이 새로운 삶의 의지를 회사 밖에서 피워보지 못한 채, 회사에 속박당한 채 살고 있기 때문이다. 그렇다면 조직의 작은 반란자들을 제압하는, 오로지 개인일 뿐인 이 예비 퇴사자들을 예방하는, 회사의 조직적 방해는 없는 것일까. 나는 하나의 가설로서 회사가 그 고뇌하는 자들을 끌어들이는 나름의 정교한 장치를 작동시킨다고 생각한다. 그들의 한때 확고했던 결심을 흔들고 다시 회사로 돌아오게 하는 세밀한 내부 장치가 존재하는 것이다.

회사원의 업무라는 것은 사실 빤한 것이어서, 새로운 일을 맡게 되더라도 2~3년이면 싫증과 나태가 뒤섞인 복잡한 상태에 빠지기 마련이다. 흔히 회자되는 3·6·9년차 퇴사 증후군은 직장 내 권태와 전망의 부재, 새로운 인생에 대한 갈망 등이 혼합되어 나타나는 회사원들의 흔한 전염병과 같은 것이고, 회사는 고민하는 근로자를 다루는 가장 경제적인 방식으로서 일련의 점진적인 보상 체계로 승진 제도를 활용하고 있다. 프랭크의 경우에도 회사가 제공하는 승진의 기회는 이와 같은 메커니즘 안에서 이해될 수 있다. 퇴사를 고민하는 시점에 근로자에게 대리·과장·차장·부장 직위를 부여함으로써 고민은 일순간 눈 녹듯 사라지고 새로 부여받은 직책에 따라 수행할 역할과 이를 위한 재교육을 통해, 직무와 태도가 재무장되며 다시 시작하는 조직 사이클에 휘말려 들어가게끔 만든다.

최근에는 호봉제가 폐지되고 능력에 따른 직무급제와 연봉 계약제가 확산됨에 따라, 3~4년 만에 한 번 있었던 승진(연봉 상승)이 이루어졌던 과거와 달리, 연차와 관계없이 상시적인 근로자 평가가 매년 행해지는 더 촘촘해진 방식의 인사 제도가 도입되고 있는 추세다. 이는 근로자 개인들에 대한 과격한 경쟁을 부가하는 제도적 배경이 되고 있으며, 이에 노출된 근로자들은 평가에 따라 정신없이 자신의 조직 내 지위를 확인하고 더 긴장된 일상을 살게 되었다.

나이에 맞는 진급

승진 제도는 일부 조직 이탈자들에게 선별적인 인센티브로써 회사 입장에서 퇴직을 예방하는 장치로 기능하지만 중장년 근로자 입장에서 승진은 조직의 관점보다 더 절박한 측면이 있다. 승진하지 못하면 곧바로 퇴사를 해야 하는 것은 아니지만, 나이와 연차에 맞는 적절한 직급은 바로 조직에서의 존재 이유와 자기 스스로 조직 정체성을 획득하는 가장 중요한 지표가 되기 때문이다. 일부 회사에서는 적절한 승진을 하지 못하는 경우 실질적인 '승진(직급) 정년제'에 따라 권고사직 내지 해고를 당할 위험에 처할 수도 있다. 특히 대기업에서는 내부적인 기준에 따라 인사 팀이 45세를 기점으로 팀장 보직을 받지 못한 근로자나, 50세 기준 임원 승진을 하지 못한 근로자를 '특별 관리' 대상으로 선별하기도 한다.

입사 초기와 달리 10여 년 이상 회사를 다녀 본 근로자들은 스스로 언제까지 회사에 남아 있을 수 있을지 끊임없이 고민하고 긴장하게 된다. 20대 후반에 입사한 회사원의 경우, 나이 마흔 즈음에 과장 또는 차장 직위를 부여받고 조직에서 가장 열심히 일할 조직의 중추에 해당하지만, 아직 팀장 자리는 4~5년을 더 기다려야 하고 팀장 이후에 바라볼 수 있는 임원의 자리는 멀기만 하다.

회사로서는 사원·대리·과장에 해당하는 회사원을 부여잡을 수 있는 승진의 간격을 적절하게 배치하고 근로자의 퇴사 의사가 비등하는 시점에 시의적절한 인센티브로서 승진을 제공하지만, 중간 관리자 이후에는 반대로 승진하지 못하는 자들을 걸러내는 그물코와 같은 역할이 승진 실패자에게 적용된다. 결국 회사는 '조직'을 유지하기 위해 과장 이하 직위자는 적정하게 승진을 시키는 것이 중요해지고 중간 간부들에게는 승진을 시키지 않는 것이 필요해진다.

회사가 눈에 보이지 않게 운용하는 '승진 정년제'는 이제 40대 회사원들에게는 어쩔 수 없이 목숨을 건 도약의 뜀틀로써, 넘지 못하면 죽는 장벽으로 작용한다. 대기업들은 적정한 나이에 부장·팀장의 직위와 직책을 부여받지 못하는 이들을 열외 관리 대상 근로자로 분류하고 쉰 정도의 나이에 이사(상무)·본부장의 직위, 직책에 해당되지 않으면 퇴사 대상자로 관리한다. 물론 회사의 승진 정년제는 취업 규칙이나 근로 계약서, 그 어느 공식적인 문서에 존재하지 않는다. 인사 팀 담당자들이 갖는 '비밀문서'에만 존재할 뿐이고 이를 토대로 전사적인 인력 관리에 사용할 뿐이다.

끝없는 인사 평가의 컨베이어 벨트 위에 서 있는 승진 시스템을, 조직원은 거부할 수 없다. 이제 과장 정도 되는 중견 사원의 경우 회사를 그만둘 수도, 그냥 다닐 수도 없는 고민의 기로에 서 있게 되며 그렇게 시간을 보내다가 우리는 남들과 똑같은 회사 인간의 길을 걷게 된다.

하고 싶은 일을 한다

나는 종종 나를 소설가라고 소개하면, 자기가 원하는 일을 할 수 있으니 행복하겠다고 부러워하는 회사원이나 주부들을 자주 만난다. 그때마다 나는 심히 의심스럽다. 당신은 자신이 원하는 것을 하지 않고 있단 말인가? 어떻게 원하는 것을 하지 않을 수 있단 말이지? 당신이 무의식중에 정말로 원하는 것은, 회사원이나 주부로서 안정된 삶을 살면서 소설가나 화가를 보면, "자기가 원하는 일을 할 수 있으니 행복하겠어요!"라고 말하는 바로 그 삶이 아닐까?'

한번은, 자사에 대한 자부심이 은근한 어떤 대기업 직원이 나에게 "저도 대학 때 문예 동아리 활동을 열심히 하던 소설가 지망생이었어요. 이제는 이렇게 평범한 샐러리맨이 되었지만…"이라고 말한 적이 있는데, 나는 이 말이, "나의 진짜 꿈은, 한때 나도 소설가 지망생이었던 적이 있지, 하고 말할 줄 아는 샐러리맨, 그래서 낭만성까지 갖춘 듯한, 그러나 어쨌든 경제적으로 안정된 대기업 충성-샐러리맨이 되는 것이었습니다"라는 소리로 들렸다.[04]

회사라는 서늘하고 건조한 공간, 일을 시키고 진행되도록 하는 과정에서 무수한 정치와 강제가 작동하는 이 조직에서,

회사의 재사회화에 맞서 싸우다 조직 부적응자로 스스로를 확인하고 퇴사를 결심하는 경우가 종종 있다. 최근에는 퇴사 신드롬이라 불릴 만큼 많은 이들이 회사를 그만두고 카페를 창업한다거나 세계 여행을 떠나기도 한다. 페이스북, 인스타그램 등 소셜 미디어에는 자신의 '회사 실패'와 '퇴사 성공' 혹은 조직을 떠나 보다 활기찬 삶의 경로에 진입한 것을 과시하는 듯한 뉘앙스의 메시지가 전형적인 스토리텔링이 되어 하나의 트렌드를 형성하고 있다. 자유인이 된 듯한 기분을 만끽하는 '좋은 한 시절'이 지나고 난 후에도 자신이 원하는 일을 하며 행복한 일상을 보낼 수 있을까?

　퇴사를 크게 두 가지로 나누어 보자. 먼저 회사·조직에 얽매이지 않기 위하여 새로운 직업에 투신하는 것을 나는 '실존적 퇴사'라고 부르고 싶다. 그리고 잠시 조직을 벗어나거나 다른 회사로의 이직, 기존 업을 일부 변형시키는 전직 등을 모두 일컬어 '자기 계발적 퇴사'라고 이름 붙일 수 있을 것이다. 자기 계발적 퇴사자들을 위한 조언은 이미 시중에 넘쳐 난다. 그들의 퇴사 기간이 얼마나 되는지와 관계없이 그들은 잠재적 조직 복귀자로서, 장기적으로 회사라는 울타리 안에 있다는 의미에서 '회사 인간'이라고 불리어야 한다. 나는 오직 실존적 퇴사자를 위해 몇 가지 이야기를 해 두고 싶다.

보통의 삶에서 벗어난다

회사를 그만두고 난 다음 보통의 퇴사자가 선택할 수 있는 두 가지 경로는 자영업자의 길과 프리랜서의 길을 생각해 볼 수 있겠다. 자영업자와 프리랜서는 어느 누구도 자신에게 월급을 주지 않으며, 조직에 기대지 않은 채 스스로 생계를 해결해야 한다는 점에서 본질적으로 차이가 나는 것은 아니다. 일반적인 의미로 자영업자의 경우 자신이 점유하는 물질적 기반을 갖는 점에서 오직 노동력을 제공하는 프리랜서와 현실에서의 차이가 일부 존재한다. 이 경제 위기의 시대에 자영업자든 프리랜서든 퇴사 이후의 삶이 쉬운 대안이 되기 어렵다. 특히 회사를 그만두고 나면 오히려 그 자신이 회사 대표로서 행위 해야 한다는 아이러니가 이들을 혼란스럽게 할 것이다. 아무리 결심을 하고 퇴사 이후 어려움에 대한 시뮬레이션을 끝냈다고 할지라도 현실은 상상보다 훨씬 크게 다가오기 마련이다. 개인의 실존적 결단 끝에 퇴사의 결심을 마음속에 새겨 두었다면, 나중에 후회하지 않기 위해서라도 반드시 스스로 던져야 할 몇 가지 물음을 최종 단계에서 점검해 보아야 한다.

가장 먼저 해야 할 질문은 내가 '조직형 인간'인가 아닌가 하는 것이다. '자기 자신이 언제 가장 편한가'라는 한가한 질문이 아니라(당연하지 않은가. 회사 밖에서 혹은 일하지 않을 때 가장 나답고 편안하다) 내가 나 자신임을 잃지 않고 조직 생활을 얼마나 잘 할 수 있는가와 관계된 질문이다. 사실 우리는 학교를 졸업하고 회사를 다니기 전까지 내가 누구인지, 내가 어떤 일을 좋아하고 싫어하는지 잘 알지 못한 채 사회로 내동댕이쳐진다. 조직 생활, 회사 생활을 몇 달, 몇 년 해 보아야 내가 어떤 사람인지 더 잘 알 수 있고 내가 조직형 인간인지 아닌지 구체적으로 가늠할 수 있다. 아무리 좋은 회사에 다니고 있다고 할지라도 내가 회사 생활에 적합하지 않았다는 최종 판단이 선다면 잃을 건 안정적인 월급뿐이다.

현실적으로는 회사 인간으로서 누릴 수 있는 이익들을 철두철미하고 정확하게 평가해 보아야 한다. 많은 경우 개인적 결단을 하는 데 있어 회사가 주는 물질적·정서적 이익들을 정확하게 헤아리고 나면, 퇴사의 결심이 수그러들기 마련이다. 자신이 조직형 인간이 아니라는 결심이 설지라도, 지금 회사가 주는 안락한 이익들을 벗어나지 못할 것 같다는 느낌이 든다면 섣불리 퇴사하면 안 된다. 특히 퇴사 후의 생활이 주는 불안을, 조직이 주는 안정과 대비하는 순간, 내가 회사 문 밖을 나가는 것의 실체적 의미를 몸소 느낄 수밖에 없을 것이다. 의외로 회사라는 브랜드, 회사 로고가 박힌 명함을 벗어나기 어려운 이들이 많다. 어쩔 수 없다. 그것이 그 자신이고 조직형 인간이 아니라는 판단이 들지라도 회색 지대에서 회사 인간으로 살아갈 수밖에 없는 것이다. 그것이 적극적 선택이 아니라고 누가 비난할 수 있겠는가(사실 많은 이들이 이 단계에서 퇴사 결심을 조용히 가슴에 묻고 묵묵히 출근하곤 한다).

다음으로 회사 밖에서 진짜 원하는 일을 한다는 것이 회피가 아니라, 진짜 자신이 걷고자 하는 길인지 묻고 또 물어야 한다. 보통 회사 밖으로 나가는 것은 대부분 수입이 줄어든다는 것을 의미하는데 이는 자신이 원하는 일을 하면서 동시에 원하지 않는 일을 더 많이 하거나 일상적으로 포기해야 하는 일(소비)들도 더 많아지는 것을 의미하기 때문이다. 자신이 지금 당장 인간관계나 업무상 어려움을 짧게 회피하기 위해 퇴사를 하려 하는지, 이 질문을 두고 가슴에 손을 얹고 생각해 봐야 한다. 그 끝에 회사 생활의 실질적 위기와 위협을 뚫을 정도로 퇴사 생활에 대한 갈망이 없다면 조용히 회사를 다닐 일이다.

이 질문들은 하나의 본질적인 물음을 품고 있는데 한마디로 이렇다. '당신은 회사 인간으로서의 보통의 삶을 포기하고, 남들과 다른 삶을 살 수 있는가?' 경제적 인간형이 되는 것이 오직 유일한 삶의 모델인 것처럼 느껴지는 한국에서, 월급과 무관하게 내 힘으로 원하는 일을 스스로 하고 싶다고 말하는 것은 철없는 소리로 치부되기 십상이다. 주변 사람들의 목소리는 아무리 철저한 결심을 세워도 밤에 잠자리에 눕게 되면 귓가를 울리기 마련이다.

그러나 보통 사람들이 기대하는 바로 그 '보통의 삶'이란 것도 비조직형 인간인 우리에겐 가장 어려운 삶이 될 수 있다. 좋은 대학을 나오고, 좋은 직장에 다니며 결혼을 하고 아이를 낳으며 남들 눈에 좋은 아파트를 사고 대출을 갚는 삶, 그리하여 한평생 좋은 회사원으로 일하다가 은퇴하고 나서야 자신의 삶을 살아가는, 그러한 삶. "남들이 하는 것을 다 하면서 산다"는 것은 "자신이 원하는 것을 대부분 포기한다"는 말과 그리 다르지 않은 것 같다. 자기 손에 쥔 작은 하나도 포기하지 않고 원하는 것을 얻을 수 있는가? 지금 손에 잡은 것을 놓을 줄 알아야 다른 것을 잡을 수 있다.

두려운 우리에게 필요한 질문

퇴사 예정자들이 고뇌에 찬 결단 끝에 회사에 사직서를 제출하고도, 끊임없이 괴로워하며 자기 선택이 올바른 것인지 불안에 휩싸이는 경우도 많다. 어차피 사직서를 제출했다면, 그 증상을 크게 완화시키기 위해서라도 이 질문을 스스로에게 던져 보자. 내가 3년 후에 죽는다면 지금 당장 어떤 선택을 할 것인가?

〈뚜르 : 내 생애 최고의 49일〉(2016)이라는 다큐 영화는 스물여섯 살의 청년 말기 암 환자 이윤혁을 주인공으로 한다. 퇴사를 고민하는 이들의 용기를 북돋워 주기 위해, 한가로이 던지는 저 질문은 실제 주인공 이윤혁에겐 현실이었다.

영화는 그가 죽기 정확히 1년 전인 2009년 여름, 말기 암의 몸을 이끌고 참여한 프랑스의 자전거 일주 대회, 뚜르 드 프랑스 기간을 조명한다. 일반인의 몸으로도 프랑스 전역을 도는 3,500킬로미터의 대장정을 버티기 힘든데도 말기 암의 그는 결국 저 일주를 온몸으로 버텨 낸다(다만, 21일간 벌어지는 실제 대회 기간에 참여한 것이 아니라 49일 동안 자체적으로 대회를 일주한다). 말기 암 투병 청년 이윤혁의 몸이 3,5000킬로미터 일주 앞에 어떻게 반응할지 몰라 전문의가 팀에 합류할 정도로, 그는 죽음을 목전에 두고 있었고 이 도전은 상식에 맞지는 않는 것이었다. 실제 이윤혁 씨는 뚜르 여정 도중에 저녁이면 링겔을 통해 약물을 투여받고, 계속된 운동으로 부상을 입고 근육과 인대가 손상된 채 일정을 계속했다.

그의 이 무모한 도전을 어떻게 볼 것인가? 윤혁 씨는 실은 '죽도록 살고' 싶었던 것 같다. 그가 사이클을 시작한 것도 암을 극복하고 세계 챔피언에 오른 랜스 암스트롱의 앞선 사례와 무관하지 않았고, 49일의 뚜르 드 프랑스 일주를 시작한 것도 기적처럼 '자신의 암세포가 모두 빠져나가기를 바라는 마음'이 작용한 것도 같다. 그래서 이 다큐멘터리 영화의 가장 안타깝고 아름다운 장면은 윤혁 씨가 한밤중 자전거를 타며 프랑스 시골 밤하늘의 별들을 바라보며 한국의 부모님을 생각하고, 결국 자신의 부모보다 일찍 죽어야 한다는 자기 운명을 명확하게 느끼면서 눈물 흘리는 장면이었던 것 같다. 스물여섯의 청년이 죽음 앞에 초연할 수 있겠는가? 아니, 나이를 떠나 자기 죽음을 통보받은 자가 어떻게 평상심을 유지할 수나 있을까.

이윤혁 씨가 암 재발 통보를 받고 시작한 것은 마지막 항

암 치료가 아니라, 뚜르 드 프랑스에 참여하는 것이었다는 사실은, 우리에게 죽음이 아니라 삶을 받아들이는 다른 태도를 상기시킨다. 1년 혹은 3년, 갑작스럽게 유한한 삶의 유예 기간을 통보받는다면 우리는 어떤 삶을 선택할 것인가. 그때에도 지금과 같이 회사를 다니면서, 삶을 유예할 것인가?

일상을 사는 우리 생활인이 몇 년 후의 죽음을 가정하는 것은, 역시 너무 비현실적인 질문이다. 그러나 회사 인간으로서의 삶을 마감하는 중대한 결정 앞에서 비일상적 질문은 고민을 단순하게 만들어 주는 힘이 있다. 이 가정과 그에 부수한 질문이 지금의 삶을 어느 정도 결정적으로 반성하게 해 줄 수 있다고 믿는다. 이 질문 앞에서 다시 회사원으로서의 삶을 결정할지라도 '당신 자신에게 회사란 무엇인가'라는 질문을 던지는 것은 우리를 조금은 다르게 살게 해 줄 수 있다. 그러나 만약 당신이 지금 회사를 다니는 삶이 너무나 힘들다면, 진지한 질문들에도 회사가 내 삶이 되기 어렵다는 결론에 이른다면, 그리고 회사 일을 하며 그 일상이 너무 우울하고 가끔은 죽음 충동에 이를 정도라면 당장 회사를 그만두지 않을 이유란 도대체 무엇일까?

회사를 그만두는 법

① 고용기간의 약정이 없는 때에는 당사자는 언제든지 계약해지의 통고를 할 수 있다.

② 전항의 경우에는 상대방이 해지의 통고를 받은 날로부터 1월이 경과하면 해지의 효력이 생긴다.

〈민법〉제660조 기간의 약정이 없는 고용의 해지통고

변호사로 일하며 노동 사건들을 접하면서 놀란 사실은, 많은 회사원들이 여전히 회사를 그만둘 때 상사나 인사 팀의 '허락'이 필요하다고 착각하고 있다는 점이었다. 퇴사 절차를 회사와 협의하면서 업무 인수인계 일정과 마지막 출근 일자를 허락받아야만 회사를 그만둘 수 있다고 여기며, 퇴사에 앞서 여러 고민과 걱정을 하는 것이다.

그러나 이미 언급한 것처럼 퇴사는 근로자가 사직의 의사를 회사에 통보하면 되는 것이지 사용자로부터 사직을 허락받는 것이 아니다. 다만 그만두는 회사 조직과 함께 일했던 동료들의 사정을 고려하여, 업무에 차질이 생기지 않도록 퇴사를 미리 알리고 그 시점을 조율하는 것은 인간적인 차원에서 도리를 다하는 것으로써 의미가 있는 것이다.

강조하자면 사직이란 '합의'가 아니라 근로자의 일방적 의사에 의하여 이루어지는 근로 계약의 해지이다. 또한 특별한 형식을 요하지 않아 구두로 통보해도 무방하지만, 통상적으로는 회사에 대해 사직서를 제출하는 것으로 그 의사 표시를 하는 것이 통례다.

만약 근로자가 사직서를 제출했음에도 불구하고 사용자가 사직서를 반려하는 경우에는 어떤가. 이 경우 사용자는 사직 통고를 받은 날로부터 1개월이 경과한 시점에 효력이 생긴다. 반대로 사용자는 '정당한 이유'가 없다면 해고의 통고를 할수 없고 이 경우 민법 제660조 제1항이 적용되지 않고 〈근로기준법〉 제23조 제1항이 적용된다. 〈근로기준법〉 등 노동법이 근로자에게 유리한 사회법인 이유가 여기에서 다시 확인된다. 한편 사용자와 근로자가 인수인계 등이 필요하지 않다고 합의하면서, 사직의 의사 표시에 사용자가 승낙을 하면 그 승낙한 날 곧바로 근로 계약은 종료할 수 있다. 이러한 경우를 근로 계약의 합의 해지라고 말한다.

다만 3년 이내의 기간을 정한 근로 계약의 경우에는 근로자는 부득이한 사유가 없으면 근로 계약을 해지할 수 없고, 부득이한 사유가 있더라도 그 사유가 근로자 일방의 과실로 인하여 생긴 때에는 사용자에게 근로 계약 해지에 따른 손해 배상을 해야 할 수 있다(민법 제661조).[●] 역설적으로 법률상 기간의 정함이 없는 근로 계약을 체결한 자인 정규직 근로자의 경우 사직의 자유가 인정되나, 기간제 근로 계약을 체결한 비정규직 근로자는 오히려 사직의 자유를 제한받는 것이다. 이에 대해 입법을 통해 이를 개선해야 한다는 비판이 일고 있으며, 〈민법〉과 〈기간제 및 단시간 근로자 보호 등에 관한 법률〉에 따를 때, 현실에서 오히려 기간제 근로자를 역차별 하는 대표적인 경우라고 할 수 있다.

노동조합이 존재하는 회사의 경우, 취업 규칙이나 단체 협약에서 사직에 관한 사항을 정해 놓을 수 있다. 이를테면 취업 규칙에서 근로자가 사직할 때에는 일정한 기간 내에 사용자의 승인을 얻도록 정해 둘 수 있는 것이다. 그러나 대법원은 이러한 경우에도 근로자가 사직원을 제출하였으나 사용자가 승인을 거부할 합리적인 이유가 없는데도 승인을 하지 않고 있을

● 민법 제661조(부득이한 사유와 해지권) 고용기간의 약정이 있는 경우에도 부득이한 사유 있는 때에는 각 당사자는 계약을 해지할 수 있다. 그러나 그 사유가 당사자 일방의 과실로 인하여 생긴 때에는 상대방에 대하여 손해를 배상하여야 한다.

때에는 〈민법〉 제660조 소정의 기간인 1개월이 경과함으로써 근로관계는 종료된다고 판결하고 있다(대법원 1997. 7. 8. 선고 96 누5087호 판결).

〈근로기준법〉과 〈민법〉, 그리고 판례가 말하는 사직의 법리는 한마디로 근로자는 사용자에게 사직의 의사를 일방적으로 표시할 권리와 자유가 있다는 사실을 말하고 있다.

사직서를 제출하는 법

이제 사직서를 제출하는 당신이 해야 할 일은, 전자결재 시스템을 통하여 무미건조한 양식을 채우고 결재 단계를 밟거나, '사직서' 봉투 안에 '일신상의 사유로 201○년 ○월 ○일부로 사직하고자 합니다'라고 간단하게 적은 문서를 인사 담당자에게 제출하는 것이다. 사직서 내용 중 근로자 입장에서 중요한 것은 사직의 일자를 정확히 기재하는 것인데, 앞서 본 것처럼 30일의 기간을 두기만 하면 큰 문제는 없다. 인터넷에 떠도는 사직서 양식 중에는 '사직을 허락하여 주시기 바랍니다'라거나 '조치를 취해 주시기 바랍니다'라는 문구가 적혀 있는 경우가 있는데, 근로자의 일방적 의사 표시로서 사직의 통고라는 개념과 맞지 않는 표현이다.

보통 사직서를 제출하면 회사의 업무 진행 프로세스에 따라 부서장과 임원의 결재를 받도록 하는 경우가 대부분이다. 그런데 사직서를 제출한 후에 마음이 급변하여 사직서를 철회하고 싶을 때, 부서장 승인 전이라면 이것을 되돌릴 수 있을까? 보통은 사직서의 제출로 곧바로 퇴사의 효과가 발생하는 것은 아니다. 사직서의 결재를 필요로 하는 경우에 이는 계약의 합의 해지 절차에 해당하는 것으로써, 원칙상 결재 이전에는 사직의 의사표시를 철회할 수 있다고 할 수 있다. 물론 퇴사 의사를 밝히고 이를 거두어들인 근로자의 조직 충성도는 의심을 받겠지만, 그와 관계없이 회사를 계속해서 다닐 수 있고, 회사가 반대로 사직서 제출을 강요할 수도 없는 노릇이다.

즉 사직서를 제출하거나 사직하겠다고 구두로 통보하는 행위는 법률상 단독 행위로서 근로자 일방의 의사에 의해 그 효력이 발생하지만, 사직서를 제출한 후 회사의 결재 절차가 마련되어 있는 경우에는 이는 단독 행위가 아닌 '근로 계약의 합의 해지'로서 양당사자의 합의로 근로관계를 종료시키는 행위가 되어 법적으로 사직 행위와 구분되는 것이다.

자, 이제 사직서가 제출되고 회사의 내부 절차가 마무리되었다. 당신은 자유다! … 그런가?

당신을 응원한다

위워크는 오늘날 새롭게 부상하는 긱경제의 신화를 팔고 있다. 당신은 평생 한 번도 연금을 받지 못할 불안정한 소득의 프리랜서지만, 적어도 기계의 단순한 부품은 아닙니다. 당신은 예술가이고, 당신 회사의 대표이며, 당신이라는 브랜드의 얼굴입니다. 당신의 작업은 그저 대가를 바라고 하는 단순한 노동이 아니라 바로 당신이라는 존재의 확장입니다. 당신은 당신이 사랑하는 일을 하고 있고, 바로 그 일을 위해 책상 한 칸에 무려 월 55만 원이나 되는 돈을 내는 것입니다.

(2018. 4. 20. 뉴스페퍼민트)

좋아하는 일, 원하는 일을 하는 것이 곧바로 인생의 행복을 보장해 주는가? 안정된 조직을 벗어나는 것은 동시에 불안정한 일상을 받아들이며, 자기 삶의 조건을 스스로 불리하게 변경하는 것과 같다. 회사원의 삶과 비조직인의 삶을 선택할 때 그 양면적 효과를 충분히 고려해야 하는 것이다. 코워킹 스페이스인 WeWork가 그들의 첫 번째 타깃인 프리랜서를 대상으로 마케팅하는 저 현란한 광고 용어들은 현실을 왠지 왜곡하는 것만 같다. 회사만 나오면 기계 부품의 삶에서 벗어나, 곧바로 자신이 브랜드가 되어 존재를 확장할 수 있는 일로 나아갈 수 있는가? 실제 맞닥뜨리는 현실은 일이 없어서 스스로 매일같이 일을 찾아 나서며 자기 브랜드는커녕 대기업 브랜드의 하청업자로서 무명으로, 말하자면 을·병·정의 지위에 만족하면서도 휴일 없이 일하는, 열악한 일상적 장면이 더 진실에 가까울 것이다. 그래서 최근의 자아실현을 위해 조직의 길을 벗어나는, 퇴사 트렌드는 프리랜서 불안정 노동자의 현실을 은폐하는 새로운 이데올로기로 작동하는 것처럼 보인다.

그럼에도 불구하고 온갖 현실적 어려움과 주변의 반대를 뚫고 내가 원하는 일, 좋아하는 일을 한다는 것은 자기 존재를 확장하는 것과 필연적으로 연결되어 있다고 생각한다. 굳이 자기 계발적 퇴사와 실존적 퇴사를 구분하는 것도 이 같은 개인적인 믿음과 무관하지 않다.

조직에 기대지 않는 삶을 살아가며 자기 스스로 일을 한다는 것은 보장된 꽃길을 걷는 것이 아니라, 보통의 경우 내가 '어떤 종류의 어려움을 겪어 낼 것인지'를 선택하는 것에 더 가깝다. 그 어려움들 가운데 아주 가끔씩 맛보게 되는 어떤 보람과 즐거움이, 회사 밖에서의 불안하지만 자유로운 삶, 그래서 자기로 사는 삶의 즐거움을 결정할 것이다.

그래서 다시 한 번 진짜 '회사가 전쟁터라면 회사 밖은 지옥'이라는 말이 품고 있는 실체를 보고, 스스로 원하는 것을 향해 나아가는 실존적인 결단을 하는 당신에게 응원을 보내고 싶다.

퇴사자의 후일담

그 실존적 결단을 행한 분들을 얼마 전부터 지속적으로 만나고 있다. 2017년 말부터 진행하고 있는 〈회사 인간 퇴사 인간〉 네이버 오디오클립(팟캐스트)에서 나와 공동 진행자들이 함께 섭외한 '퇴사 인간' 즉 굵직한 퇴사 경험이 있는 분들을 모시고 회사를 그만둘 당시의 고민과 퇴사 후의 일상적·경제적 어려움, 또 '자기 일'을 하면서 겪는 고통과 기쁨에 대해 듣고 있다. 전형적이고 비슷한 듯하면서도 각자의 방식대로 흘러가는 그 진지한 이야기를 듣는 것은 그 자체로 스토리텔링의 즐거움이 있지만, 자영업자 변호사로서의 내 일상에도 여러 가지 교훈을 준다. 자유와 도피 등 한정된 이미지를 통해 감성적으로 소비되곤 하는 작금의 말랑한 퇴사 신드롬이 언제까지 계속될지 모르겠다. 방송에서 만난 '퇴사 인간'들은 이 트렌드에서 어쩐지 살짝 비켜나 있다. 섣부른 기대나 로망보다는 몇 번의 실패를 겪은 담담함과 달관의 태도가 말투와 눈빛에 녹아 있다. 이들은 대부분 퇴사 후 최소 3년 이상 자기 일을 찾아 치열하게 고군분투했기 때문에 인터뷰 끝엔 뭔지 모를 여운이 남는다. 회사 없이 살아남는 것에 대해 지속적으로 질문하고 버텨 내는 사람들 특유의 기운이다.

'퇴사 인간'들은 마냥 행복한 일상을 보내고 있지는 않았다. 간혹 퇴사를 후회하는 속내를 비치기도 했는데 그들 모두가 퇴사 후 가장 큰 고충으로 경제적 어려움을 꼽았다. 그럼에도 불구하고 그들은 회사로 다시 돌아가지는 않을 것이라고 말하는데 이미 한 번 만끽한 자유의 맛을 버릴 수 없기 때문이다.

서로를 지켜봐 주기

이 〈회사 인간 퇴사 인간〉의 인터뷰이들은 안정적일 뿐만 아니라 높은 연봉에 사회적으로 선망받는 회사를 자발적으로 그만둔 자들이 대부분이다. 이들의 '라이프 스토리'를 가만히 듣다 보면 타인의 부러움을 받는 좋은 회사 조직에서 탈주해 불안정한 노동 생활로의 변동을 몸으로 감수하는 줄거리로 이어진다. 서울 내 유명 사립 대학의 정규직 교직원을 그만두고 작은 야학의 교사를 하기 위해 보험 설계사로 이직했고, 안정적인 외국계 회사를 다니다가 음악 치료사로 깜짝 전업을 했으며, 공공기관 정규직 일자리에서 사회 운동가이자 문화 기획자로 변신을 감행했고, 정규직 출판 편집자 일을 하다가 사람 스트레스가 현저히 적은 프리랜서로 방향을 틀었다.

앞서 퇴사를 고민하는 이들은 '3년 후 죽는다면 무엇을 할 것인가'라는 질문으로 마지막 결심을 가늠해 볼 수 있다고 말했다. 그렇다면 퇴사 이후에 필요한 마음가짐은 무엇일까. 이들 '퇴사 선배'들은 퇴사 후 애초의 결심대로 일상을 지속적으로 끌고 갈 수 있는 자기만의 동력과 비법 이야기를 들려주었다. 한 가지 공통된 지점은 다소 낭만적으로 들릴 수도 있지만 회사로 다시 돌아가려는 유혹에 저항하고, 자기가 꿈꾼 퇴사 후의 생활을 유지하게 된 힘에 관한 것인데 그 삶을 응원해 주고 연대할 수 있는 친구의 존재였다.

우리는 모두 흔들리는 존재들이다. 퇴사 후 일상은 원래 생각했던 것보다 더 가혹하기 마련이다. 저축해 둔 약간의 통장 잔금이 급속도로 사라지는 순간, 원래 계획했던 것보다 생활비는 더 들고 수입은 오르지 않는 일상이 몇 달 계속되면, 어느새 이력서를 쓰고 있는 자신의 모습을 발견하게 된다. 뾰족한 방법은 없다. 그저 버티는 것인데, 회사 생활의 괴로움을 다시 떠올려 봐도 좋겠지만 더 현실적인 마음 다스리기 방법에는 나를 응원해 줄 수 있는 친구를 옆에 두는 것이 더 나은 방법이라고 경험자들은 말한다. 이는 사회적 커리어의 높낮이로, 서로 더 잘나가는 모습을 은근하게 과시하고 우월감을 자극하는 관계가 아니라, 이유 모를 패배감 속에서도 연민과 응원의 마음을 보태 줄 수 있는 동지적 이해로 연결된, 그런 관계이다. 회사라는 조직이 각종 직위와 인센티브로 한껏 꾸며 주려고 했던 회사 인간식 명예에서 벗어나 나를 나답게 해 주는 새로운 관계들을 스스로 조금씩 조직해 나가다 보면 내 욕망에 더 충실한 삶에 가까워질 수 있고 경제적으로 다소 부족한 삶에 만족하는 법도 터득하게 되는 걸가 싶다.

회사를 다닌다는 것

퇴사 인간으로 살다가 다시 회사로 후퇴할 수 있다. 그렇게 회사에 재입사하거나 이직하는 것이 무언가 완전한 패배를 의미하는 것도 아니다. 스스로가 자영업·프리랜서 직업과 친하지 않은 것을 몇 달이나 몇 년에 걸쳐 깨닫고 나면, 오히려 이후 다시 하게 될 회사 생활을 더 적극적이고 능동적으로 할 수도 있다.

그럼에도 불구하고 우리 회사 인간들은 언젠가 회사라는 조직을 떠나야 한다는 명징한 사실을 기억해야 한다. 자신이 공무원이 아닌 한 견실한 대기업이나 중견 기업을 다닌다고 할지라도 피라미드 관료제와 인사 평가의 굴레 안에서, 보통은 40대 중·후반에 조직 인생을 마무리해야 한다. 그 다음은 모두가 평등하게 대부분 자영업자의 길로 합류할 수밖에 없다.

길게 보면 회사 안과 밖은 가느다란 실로 연결되어 있는지도 모른다. 우리는 그걸 붙잡고 왔다 갔다 하는 것뿐일 수도 있다. 입사와 퇴사라는 입구와 출구를 드나드는 것처럼 보인다. 저성장 시대 작은 일개미 입장에서 조금이라도 더 주체적인 회사 생활을 위해서 '회사를 다닌다는 것'을 낯설게 바라볼 필요가 있다. 그렇게 '회사란 무엇인가' '회사 안 혹은 밖에서의 노동이란 도대체 무엇인가'라는 질문을 던지면서, 비록 회사 인간으로 살더라도 노동법의 취지와 조문들을 떠올려 보자.

질문을 던지는 것은 결국 노동하는 인간으로서 자신을 찾는 일과 다르지 않은 일이다. 범람하는 자기 계발서와 힐링 에세이를 과감하게 버리고 노동법을 읽으면서 조직과의 긴장을 능숙하게 즐기는 주체적 회사원 되기가 불가능한 일만은 아닐지도 모른다.

미주

01
『영혼이라도 팔아 취직하고 싶다』 (강준만 지음, 개마고원, 2010)

02
『일의 발견』 (조안 B. 시울라 지음, 다우, 2005)

03
「○○ 직장 내 괴롭힘 실태조사 보고서」 (2014)

04
『나를 바꾸는 글쓰기 공작소』 (이만교 지음, 그린비, 2009)

회사 그만두는 법

우리들의 굴곡진 조직 인생과 실전 노동법

2019년 2월 22일 1판 1쇄 발행
2020년 8월 8일 1판 2쇄 발행

지은이   **양지훈**
펴낸이   **박래선**
펴낸곳   **에이도스출판사**
편집   **박소현**
출판신고   **제406-251002011000004호**

주소   **경기도 파주시 회동길 363-8, 308호**
전화   **031-955-9355**
팩스   **031-955-9356**
이메일   **eidospub.co@gmail.com**
페이스북   **facebook.com/eidospublishing**
인스타그램 **instagram.com/eidos_book**
블로그   **https://eidospub.blog.me/**

표지 디자인 **공중정원 박진범**
일러스트   **정수지**
본문 디자인 **김경주**

ISBN   979-11-85415-25-3   03300

이 도서의 국립중앙도서관 출판예정도서목록(CIP)은
서지정보유통지원시스템 홈페이지(http://seoji.nl.go.kr)와
국가자료종합목록시스템(http://www.nl.go.kr/kolisnet)에서
이용하실 수 있습니다. (CIP제어번호 : CIP2019000908)